平凡社新書
900

麦酒《ビール》とテポドン

経済から読み解く北朝鮮

文聖姫
MUN SONGHUI

HEIBONSHA

麦酒《ビール》とテポドン●目次

第七章　核開発とミサイル……215

プロローグ

期待が絶望へ

「金正日《キムジョンイル》総書記が拉致を認めたのに、まだ行方不明者なんて寝言言っているのか」

「不買運動をするぞ」

電話を受けたとたん、朝鮮語で男性が怒鳴る声が聞こえてきた。同胞購読者からの抗議の電話はもう何本目だろうか。とにかくひたすら謝るしかなかった。そのうち、誰も受話器をとろうとしなくなった。シーンと静まり返った大きな部屋で、電話が鳴る音だけがいつまでも響いていた。

二〇〇二年九月一七日の午後のことだ。編集局は希望の朝から、落胆の午後に変わっていた。当時私が記者として勤めていた「朝鮮新報」（朝鮮総聯機関紙）編集局は、朝からいつもと様子が違っていた。みんな心なしか落ち着きがなかった。この日、初の日朝首脳会談が行われるからだった。八月三〇日に韓国紙「文化日報」が「小泉訪朝」をスクープして以降、皆、この日が来るのを待ちわびていた。

冷たい関係だった北朝鮮と日本との間でようやく国交正常化に向けた動きが始まる。そう思うと、私自身、あれこれと明るい未来を想像しながら期待が膨らんだ。しかし、その期待は間もなく絶望へと変わった。

日本政府が認定した拉致被害者一五人（当時、現在は一七人）のうち、横田めぐみさんをはじめ八人が死亡、五人が生存、二人は入国の記録なし――テレビ記者が平壌《ピョンヤン》の現地から伝える事実はにわかに信じがたいものだった。金正日総書記は拉致の事実を認め、小泉純一郎首相に謝罪したという。

テレビを食い入るように見つめていた記者たちの間にどよめきが走った。まさか女子中学生を拉致するとは。しかも、八人が死亡……。五人の生存者の中には、日本政府が関知していない曽我ひとみさんの名前もあった。

私は、それまでの取材を通じて、有本恵子さんのケースのようにヨーロッパ経由の拉致はあると思っていた。だから、彼らを甘い言葉でだまして連れて行ったことに関しては、北朝鮮当局が認めると予測していた。しかし、中学生を拉致することだけは絶対にあり得ない。そう固く信じてきただけに、裏切られた気持ちが強かった。それは記者たちに共通する思いだったに違いない。誰一人、口をきこうとしなかった。編集局には重苦しい沈黙が流れていた。

それでも、日朝首脳会談を伝える新聞は製作しなければならなかった。だが、その新聞がもとで、読者たちから激しい批判を浴びることとなった。北朝鮮国営「朝鮮中央通信」の報道にならい、「拉致被害者」を「行方不明者」と表記したからだ。新聞発行当日から本社には、冒頭のように抗議の電話が相次いだ。「朝鮮新報」を購読してくれている同胞たちもどこへ怒りをぶつけてよいのか分からなかったと思う。北朝鮮が「拉致をやっていない」ことを説明するために「朝鮮新報」の記事を利用したかもしれない。だから、金総書記が拉致を認めた後にも「行方不明者」と書いたことに腹が据えかねたのだろう。

朝鮮新報は、「拉致はやっていない」という北朝鮮の主張をそのまま伝えてきた。私自身、拉致に関する「検証記事」を署名入りで何度か書いたことがある。私は、北朝鮮の言うことを鵜呑みにし、拉致はないと主張し続けてきた自分を恥じた。拉致は犯罪だ。絶対に正当化できない。数日間悩んでコラムを書いた。私としては書かずにいられなかった。書かなければ、北朝鮮の犯罪を黙認してしまうような気がしたからだ。コラムは「朝鮮新報」（日本語版、〇二年九月二五日付）に掲載された。少し長くなるが引用したい。

脅迫電話、無言電話に脅迫メール、暴言の数々…。今回公表された日本人拉致問題と関連して、朝鮮学校の児童、生徒や総聯各機関への嫌がらせが相次いでいる。インターネットのホームページ掲示板が荒らされ、しばらく閉鎖を余儀なくされたところもある▼そんななか、ピースボートのメンバーは、東京や大阪の街頭でビラを配り在日コリアンへの嫌がらせをやめるよう訴えた。拉致家族の人々のなかからも、「怒りを感じる。日本人として許せない」と憤りの声が上がっているという。心中いかばかりかと、察するにあまりあるのに…▼朝・日首脳会談で、拉致事件の真相が明らかにされたことに、率直に言って筆者はたいへんなショックを受けた。数日間眠れず、何を信じたらいいのかとがく然とした。多くの読者も同じ思いのようだ。涙と怒りの電話、ファクス、メールが今も編集部に届けられてくる。「ありえない」と信じていただけに、衝撃の大きさは計り知れない。祖国の発表を信頼して報道してきたとはいえ、「拉致はねつ造」と書いてきた記者としての責任を痛感している▼金正日総書記は小泉首相に直接謝罪して責任者を処罰したことを明らかにし、再発防止を約束した。その約束通り真相解明は必ずされるべきだ。絶対に禍根を残してはならない。今後、国交交渉の過程で日本の「過去の清算」も具体的に話し合われていくだろう▼「憎しみの連鎖」からは何も生まれない。朝・日間の「真の和解」を実現するための交渉になっていくことを望む。それが未来につながるはずだ。（聖）

私はこのコラムの原稿を一気に書き上げ、まず母に見せた。母は涙声で「よく書けているわ」と言ってくれた。母の金玲希《キムリョンヒ》は『朝鮮画報』（朝鮮総聯が発行していたグラビア誌）の編集者や日本植民地時代の強制連行の調査活動などを経て、この頃には現役を退いていた。それでも日本人の友人たちには「北朝鮮は拉致などしていない」と説明し続けてきた。日朝首脳会談の直後、その一人から電話がかかってきた。「あなたが言うから北朝鮮の言い分を信じたのに」と激しく責められたという。

母は一言も反論できず、ただただその人の話を聞いていたという。私にその話をしながら、悲壮な顔をしていた。母は拉致によって数十年来の日本の友人を一人失った。完全に打ちのめされていた。そんな彼女にも少し元気を取り戻してほしかった。私のコラムがその一助になればと思った。彼女からしたら、娘が「北朝鮮は拉致などしていない」という記事を書いているのだから、それを信じた側面もあると思う。だから、母には申し訳ない気持ちもあった。

そうやって書き上げたコラムを、担当デスクだった副局長の厳正彦《オムジョンオン》さんに持っていった。コラムにある「禍根を残さずに真相解明を」というくだりは、北朝鮮当局に向けたものだった。だから、「北の体制批判ともとられかねないコラムを通してくれるだろうか」という不安も少しはあった。だが、厳さんは黙って通してくれた。

厳さんは、尊敬できるジャーナリストだった。取材力に分析力、文章力など全ての面で抜群のセンスを持っていた。機関紙のデスクという立場にいながらも、幅広い人脈で、あらゆる方面から情報を取ってきて情勢を冷静かつ的確に分析する能力に長けていた。日本のマスコミにも友人や知り合いが多く、彼らから一目も二目も置かれていた。それでいて熱烈なプロ野球の阪神ファン。いつも「デイリースポーツ」を脇に挟んで出勤してくるお茶目な面もあった。退勤時間になると、「飲みにいくぞ」と率先して誘ってくれたのも彼だった。

酒席の場では、後輩たちの悩みを親身になって聞いてくれ、アドバイスをくれた。彼を慕う朝鮮新報の記者は多かった。厳さんは一〇年三月二一日、胃ガンのため五八歳の若さで他界した。生きていれば、今でも後輩たちを厳しくも愛情を込めて育ててくれたに違いない。

コラムが掲載された直後、旧知の「赤旗」記者からメールが来た。正確には覚えていないが、「思い切ってよく書きましたね」と評価してくれる内容の文面だった。日本の人にも私の思いが伝わったことに少し安堵した。私のコラムがきっかけになったかどうかは分からないが、編集部内でも読者への「謝罪」もしくは「遺憾」を紙面で表明すべきだという意見が上がった。デスク会議での議論を経て、〇二年九月二七日付紙面に朝鮮新報編集局名義の「お知らせ」が掲載された。日本語版のお知らせでは、「読者のみなさんに誤った事実を伝え、そのことによって言葉では言い表せないご迷惑を与えたことについて、率直に反省」し、「(拉致)事件が二度と起きないよう、徹底した防止策が講じられるよう求めたい」と書いた。

二度の平壌特派員

私は、在日コリアン二世(父が一世、母が二世)。でも同世代の大半は在日三世だ。一九三六年生まれの父の文性守《ムンソンス》は、私が生まれた頃には「朝鮮時報」(朝鮮総聯の対日向け新聞)の記者をしていたが、すぐに朝鮮総聯中央の国際局に移り、死ぬまで同じ部署にいた。仕事柄、日本人記者とのつきあいも多く、幼い頃には、父が日本人の記者を家に連れて来ることもよくあった。記者たちとは結構本音でつきあっていたのだろう。一九八六年に父が肝ガンで四九歳で他界した時には、朝日新聞社、読売新聞社編集局長、TBSや日本テレビ、共同通信社の社長などから花輪が送られた。記者をはじめとする多くの日本の方々が葬儀に参列してくれた。

父が総聯の幹部だったから、当然のごとく小学校から高校までは朝鮮学校に通った。日本の大学に進んだが、そこで留学同（日本の大学や専門学校に通う在日コリアン学生の集まり。正式名称は在日本朝鮮留学生同盟）の活動に目覚めた。月並みだが留学同で好きな人ができたのだ。最初は彼に会いたくて参加していたが、そのうち自ら活動にのめりこんでいった。八四年には在日学生代表として北朝鮮を訪れた。初めての祖国訪問ですっかり〝愛国者〟になった私は、朝鮮総聯の機関紙、朝鮮新報の記者になる道を選んだ。朝鮮新報では主に北朝鮮と韓国の政治・経済、社会問題を担当した。平壌特派員も二度経験した。朝鮮新報平壌支局が開設されたのは、入社から二年後の八八年。支局には三～四カ月程度の輪番制で特派員が派遣された。

一度目に特派員を務めた九六年、北朝鮮の経済はどん底の状態だった。八九年から九一年にかけて、北朝鮮の貿易相手の七割を占めていたソ連・東欧の社会主義体制が崩壊したことがきっかけとなって、北朝鮮は外貨、エネルギー、原材料が不足するという事態に陥った。九五年に大規模な水害が起きたことで食糧不足も加わった。穀物の配給は事実上ストップし、人々は食べる物を自力で工面しなければならなくなった。食費を稼ぐために、とにかく何でもいいから家にあるものを売る人々が道端にあふれていた。

そんなどん底の状態にあった時期に、私は六月から九月まで約四ヵ月間、特派員を務めた。支局が入った平壌ホテルではしばしば停電が起きた。冷房をつけたまま外出した際には、ホテルの従業員からこっぴどく叱られた。ビールが飲みたくて案内員（ガイド）と一緒に平壌中の商店を探し回ったが見つからなかったこともある。物不足を肌で感じた。

北朝鮮が起死回生を狙って中朝露国境地帯の羅津《ラジン》・先鋒《ソンボン》に創設した経済特区現場を取材した後、清津《チョンジン》（咸鏡《ハムギョン》北道）に立ち寄った際のことだ。

ホテルに滞在していたのは、私たち一行を除いては貿易関係の仕事をしていた在日朝鮮人のみ。腐ったイカめしが出てきた時には驚いたが、突然の宿泊客に出す料理もなかったのかもしれない。このホテルでは恐ろしい思いもした。部屋で休んでいた時、「案内員」を名乗る男がドアをノックした。「夕飯の準備ができたから一緒に行こう」というのだ。だが、私たちの案内員は普段、直接呼びに来るのではなく電話をかけてスケジュールを知らせていたので、変だと思って開けなかった。あとで案内員に聞くと、「部屋をノックした覚えはない」という。それを聞いて背筋がぞっとした。もしドアを開けていたら、強盗に襲われていたかもしれない。新しい在日の宿泊客が来たことは早晩知れ渡っていただろう。しかも女性。いい〝カモ〟にされるところだった。

七月末には、九五年に続いて再び大規模な水害が起きた。羅津・先鋒から戻ってきた私たちは、すぐ被災地に向かうことにした。女性記者二人、ビデオカメラマン一人のチームで、黄海南《ファンヘ》・北道、開城《ケソン》市の被害が大きかった地域を中心に取材した。被災地では死んだように道端に横たわっている人を見かけた。本当に死んでいたのかもしれない。この頃、北朝鮮では餓死者も出ていた。

田畑を覆った泥を除去するために多くの人々が動員され、背負子《しょいこ》で泥を運んでいた。カメラを持っていた私たちに、一人の男性が「この実状を全部撮っていけ」と恐ろしい形相で詰め寄った。背負子という原始的な道具で広い平野に埋まった泥を運ぶという果てしない作業。空腹状態で作業をしていた男性は、私たちが平壌からやって来た北朝鮮のマスコミだと勘違いし、この現状を平壌にいる幹部たちに知らせてほしいと思ったのだろう。その気持ちは痛いほど分かった。

水害地を取材しながら不思議に思ったことがある。取材のアポなど北朝鮮での行動全般の面倒を見てくれる案内員と運転手ができるだけ人のいない場所で昼食を取ろうとするのだった。昼食は、案内員が宿泊先のホテルに頼んで用意してくれていた。あとで理由を聞いたところ、こんな答えが返ってきた。「白米のおにぎりや肉のたっぷり入ったおかずを見たら、満足にコメも食べられない市民らはどう思うか」

そんな極限状態のなかでも、北朝鮮の人々の温かみを随所で感じた。昼食の場所を提供してくれた農家の主婦はたっぷりの自家製キムチを差し入れてくれた。ある協同農場の被災地を訪れた際には、抱えきれないほどのトウモロコシをいただいた。自分たちも食うや食わずなのに、それでも遠方から来た「客人」をもてなそうとする思いやりに、心底泣けた。

平壌郊外に設けられた総合市場

当初、水害地の取材を許可されるかどうか、私は半信半疑だった。北朝鮮政府は自国のマイナス部分を極力取材させまいとする。自然災害とはいえ、陥没した企業所や水浸しになった農場、倒壊した家屋を、たとえ在日同胞でも外国から来た記者に見せたくないのでは、と思っていた。北朝鮮当局も相当悩んだようだ。許可がおりるのにある程度時間がかかったが、担当の党幹部や案内員が骨を折ってくれ、取材が実現した。

取材に制限は設けられず、「どこでも好きな場所を取材してよい」と言われた。一週間近くかけて被災地を取材し、記事を配信し続けた。取材チームが書いた記事は、日本でも関心を呼んだ。「毎日新聞」（九六年八月八日付夕刊）一面は、北朝鮮の水害被害を伝える記事で、私のルポを紹介した。以下のような内容だった。

「今回の水害で最も被害が大きかった平壌郊外の黄海北道松林市に今月3日に入った朝鮮

新報社の文聖姫記者によると、市内にある黄海製鉄連合企業所はまだ1~2メートル近く水につかり、工場全体を稼働させるモーターや原動機が浸水したまま。ポンプも水浸しで、排水もできない状態だったという」

日本に戻ってから私は、『週刊金曜日』(九六年一〇月四日号)に「穀倉地帯が壊滅状態に」と題して水害地ルポを寄稿した。水害被害は広く知られることとなり、日本や国際社会から援助の申し出が来るようになった。援助が来たことで、北朝鮮当局も私たちの記事を評価し、以来、自然災害に関する取材のハードルは低くなった。

二度目に平壌特派員を務めたのは二〇〇三年。どん底の経済から抜け出し、経済はプラス成長を続けていた。九六年の殺伐とした雰囲気とは異なり、人々は徐々に明るさを取り戻しつつあった。私は九六年に冷房をつけっぱなしにして外出し叱られた経験から、外出の際には必ず冷房を消していた。ところが、ある日、取材から帰ると部屋のエアコンが稼働している。最初は消し忘れたかと思いギクッとしたが、従業員がつけてくれていたのだ。従業員からは、「暑いからつけておきました。最近は気温も上がってきたから、つけたままでお出かけください」と言われ、拍子抜けしてしまった。

平壌市郊外の統一通りに総合市場が設けられたという話を聞いたのも、この頃だ。取材はかなわなかったが、市場経済化の波は着実に押し寄せていた。テレビでは、九〇年代後半の苦しかった時代をテーマにしたドラマも放映され、視聴者から好評を博した。当時を振り返る余裕が少しずつ出てきたようだった。

なぜそのような話になったのか、今となってはまったく思い出せないが、ある日、現地の人と話をしていて、九〇年代後半の食生活の話になった。その人の証言は想像を絶するものだった。コメにありつけることなどめったになかった。毎日トウモロコシのおかゆを食べてしのいだ。トウモロコシはそのままでは固いので、一晩水に浸け、ふやかしてから煮詰めたという。それでも一日二食しか取れなかったそうだ。空腹の状態で仕事をするから、倒れることもしばしばだったとか。小学校高学年の子どもたちは我慢していたが、幼い子どもたちは事情が分からない。だから苦しかった時にも幼児には豆乳が必ず供給されたという。そんな話を在日の私に話してくれたことも、北朝鮮の人々が経済難を乗り越えた一つの証と言えた。

南北関係も良好な時期だったので、離散家族再会など関連取材も多かった。ソウルで開かれた南北閣僚級会談取材チームにも加わった。平壌から北京を経由してソウルに到着すると、韓国の記者たちから取材を受けた。ソウルで行われる会議の北朝鮮取材チームに女性が加わるのは初めてだったからだ。会談が始まった翌日の〇三年七月一〇日、韓国の通信社「聯合ニュース」は「紅一点　文聖姫　朝鮮新報記者」と題する記事を配信した。その後、韓国で行われた南北のイベントにも女性記者が含まれるケースが増えた。

この二度の特派員経験は、後に北朝鮮を研究テーマにしようと思うきっかけを私に与えた。

記者から研究者へ

北朝鮮による日本人拉致が明らかになってから、もうここでは書き続けたくない、責任をとって辞めなければ、と考えていた。ただけんか別れはしたくなかったから、円満退職する方法を模索していた。〇三年に平壌特派員から戻ってからは、在日コリアンの人権や生活問題を担当する部署に異動したが、総聯中央の担当部署とは編集・企画などで対立し、私の意見はなかなか通らなくなっていた。いくら話しても分かってもらえず、徒労感も増し、やる気もなくなっていた。

そんな頃、〇六年一一月に母が末期のすい臓ガンであることが判明した。母の看病に専念することを辞職の理由にした。「私を口実にあなたももう好きに生きていいのよ」という母のひと言が背中を押した。同年一二月二〇日、約二〇年間勤めた朝鮮新報社を退職した。この日はちょうど私の誕生日だった。四五歳になっていた。「これまでの人生をリセットしよう」。そう心の中でつぶやいた。

朝鮮新報を辞めてからは、ハングルの翻訳を生業とした。翻訳なら母を看病しながらできるということもあったし、ちょうどテレビのニュース映像の字幕翻訳の仕事が舞い込んできたのだ。辞める直前からプロの翻訳家のもとで修業も始めていた。母は〇七年六月に六九歳で他界した。しばらくは何をする気にもなれなかったが、時がたつにつれて「こんなことではいけない」と、今後の人生を考えるようになった。

私は拉致問題をきっかけに朝鮮新報を辞めたが、なぜこんなことが起きたのかをずっと考えてきた。突き詰めれば、問題は朝鮮半島に冷戦構造が残っていることにあるのではないか。だったら、朝鮮半島の冷戦構造をなくす方法を考えてみてはどうだろう。そんな思いから研究者になろうと考えた。北朝鮮という国を冷静にひとつの研究対象として分析してみたい、と思った。二度の平壌特派員経験も生かせるはずだ。

そんな頃、東京大学大学院に韓国朝鮮文化研究室があるのを知った。大学院で一から研究してみようと思い、受験した。過去の試験問題を取り寄せ数十年ぶりに受験勉強をしたものの、試験問題はとても難しかったから、落ちたと思った。東大を受験した話のネタにと、持参した弁当を三四郎池で食べた。自分では「良い思い出になったな」という程度に思っていた。ところが、一次試験の結果を見にいったところ、私の受験番号があるではないか。二次の面接も無事通過し、合格した。

二〇〇八年四月から院生として東京大学に通い始めた。修士論文は二年でスムーズに書けたが、博士論文はそういうわけにはいかなかった。研究を始めた当初は、韓国の学者から「大変な道を選択したね」とも言われた。そのときはピンと来なかったが、研究を続けるうちに言葉の意味が分かってきた。

生活のためにバイトをいくつも掛け持ちしなければならず、研究に十分な時間を割けるわけではなかった。それでもいったん始めたことはやり遂げねばとの思いで、ここ数年は休日返上で博士論文執筆に集中した。論文のデータを集めるために〇八年から四度訪朝した。朝鮮新報の平壌特派員時代以来、五年ぶり。見るもの聞くもののすべてが変わっていた。

平壌にはイタリア料理店やハンバーガーショップなどの洋食も押し寄せていた。若者たちを中心に客足も順調だった。ビアホールは仕事帰りに一杯やっていく労働者たちでにぎわっていた。遊園地の絶叫マシーンに興じる大人や子どもの姿もあった。九〇年代後半の苦しかった時代を振り返る演劇が大人気だった。この演劇は、まずは人民に食べさせることを優先したため、中学生の娘を餓死させる女性党幹部が主人公だった。〝餓死〟という負の側面を演劇の題材に使ったのには驚いたが、「いくらなんでも娘を餓死させる母親を描くなんて」という反対意見も少なくなかったそうだ。それでも、北朝鮮の人々が、あの苦しかった時代を振り返る余裕が出てきたことを示す端的な例といえた。

博士論文では、四度の訪朝で得たデータをふんだんに使った。一七年七月一三日、私は東京大学の博士になった。ここへ来るまで七年かかった。修士課程も入れれば九年だ。論文の題目は「北朝鮮における経済改革・開放政策と市場化」。口頭試問を経て、指導教官の本田洋教授から正式に学位が授与されたことを知らされた瞬間、それまでの苦労を思い出しながら、感無量だった。

本書では、そうした研究の成果、知見をもとに、北朝鮮を「経済の視点」からとらえ平易に書こうと思った。

北朝鮮といえば、読者は何を想像するだろうか。核兵器やミサイル、拉致、飢餓や独裁……そんなところかもしれない。巷《ちまた》には膨大な量の北朝鮮情報があふれている。だが、北朝鮮の人々が何を考え、どのように生活しているのかを伝えてくれるものは少ない。ほとんどが指導部の政策を分析するものか、庶民の生活を描くものでも、脱北者（北朝鮮から離脱した人々）をソースにした飢餓や生活苦などマイナスイメージを強調したものが目立つ。まさに「残酷物語」。だが、果たしてそれが北朝鮮の実像をすべて伝えていると言えるだろうか。

私は大学生時代の一九八四年に初めて訪朝して以来、二〇一二年まで計一五回北朝鮮を訪れた。このなかには二度の平壌特派員と研究目的の現地調査など長期滞在も四回含まれる。常に関心を持って追求していたのは、北朝鮮の一般の人々の普通の暮らしだ。その国の人々の喜怒哀楽を知らずして、その国の実像を知ったとは言えないだろう。

そのため、現地ではできるだけ多くの人々と接触するよう心がけ、彼らの日常生活を観察し取材することを試みた。すると、日本で伝えられるイメージとは違った北朝鮮の姿が見えてきた。人々は制限された環境にあるとはいえ、その中でたくましく、したたかに生きていた。

本書では、そのような北朝鮮の普通の人々の暮らしぶりや考えをできるだけ伝えたつもりだ。書くにあたっては、自分の目で見たり体験したり現地で聞いたりしたことだけに限定した。取材源のはっきりしない伝聞情報は、特に北朝鮮のような国について語る際には注意が必要だと思うからだ。本書を通じて、リアルな北朝鮮を知ってもらえれば幸いだ。

第一章　市場経済化の波は止められない

値引き交渉も

「ちょっと、うちの商品見ていってよ」

売り子たちが威勢よく声をかける。「買い物袋は要りませんか?」と若い女性が近寄ってくる。体育館を三つ並べたほどの広大な敷地内で食料品、日用品、衣料品などのコーナーに区分けされた市場には、肉や魚、野菜や果物、餅やドーナツなどの菓子類、キムチなどの総菜、衣類や下着、靴、食器に中国製の電化製品、調味料などの生活用品が所狭しと並べられていた。ここでは北朝鮮で物が不足しているというのがウソのようだった。

二〇〇八年夏、平壌市楽浪区域にある統一通り総合市場を訪れた私の目に飛び込んできたのは、「ここは果たして平壌なの?」と思えるほどの活気あふれる光景だった。

総合市場の前身は、建国当初からあった「農民市場」だ。農民市場とは、協同農場(土地などの生産手段を統合し、共同労働に基づいて農業生産を行う集団農場)で農民が生産した農産物や畜産物の一部を、農民が一定の場所で住民に直接販売する合法的な商業形態で闇市とは異なる。

北朝鮮では一九四八年九月の政権樹立直後から、三日ないし五日ごとに在来市場が開かれていたが、五〇年からはそれが農民市場という形で運営されるようになった。五八年八月に個人商業が廃止されるとともに、いったんは農民市場も廃止されたが、六四年に復活し、月三回一〇日ごと（一日、一一日、二一日）に開催されてきた。九〇年代後半の経済危機で、国の供給システムは事実上崩壊し、人々は食糧や生活必需品を農民市場などで求めるようになった。

合法的な農民市場以外にも、非合法的な「キルゴリ市場」（露店）などが各地に誕生した。こうした市場では、工場や企業所に出勤せず、おのおの自家製のパンや麺類などを売って稼ぐ人々も現れた。北朝鮮政府の決定に基づき、農民市場は〇三年六月から工業製品やコメなども販売可能な総合市場（後に地域市場に変更、以降地域市場に統一）へと変貌した。

地域市場の果物売り場で品物を物色しながら歩いていると、「安くするから買っていきなよ」と売り子の女性から声をかけられた。「いくらにしてくれる？」と値引き交渉を始めていると、隣から違う店の売り子がやってきて、「こっちも安くするわよ」と私を引っ張っていこうとする。売り場には複数の店舗が存在し、互いに価格競争を展開しているようだった。

買い物をしている最中、「買い物袋を買わないか」と言ってずっと付きまとって来る若い女性がいた。私が大量に買い物をするので上客だと思ったのだろうか？　一度「いらない」と突っぱねても、あきらめずについて来て「アジュモニ（おばさん）、袋があった方がいいわよ」と粘り強く声をかける。おそらく売った枚数だけお金がもらえるのだろう。そう思うと買ってあげたい気持ちもあったが、いちいち対応していたらきりがない。ここは冷たく突っぱねた。

このような女性は彼女以外にも複数いた。どこかの組織に雇われているのだろう。

社会主義計画経済を国是とする北朝鮮の国営商店では、国定価格で国産品を供給するのが基本だ。国定価格は、需要と供給に応じて変動するわけではなく一定している。

ところが、地域市場では需要と供給に応じて変動する市場価格で取引される。しかも、売り手と買い手が価格を交渉する「値引き」行為も見られた。地域市場では統一した市場価格が制定されているが、実際には各店舗に裁量権があるのかもしれない。とはいえ、市場限度額が設けられているので、それを超えた取引は取締りの対象となっている。

私が北朝鮮の市場を訪れたのは、実はこの時が初めてではない。これより一九年前の八九年秋、平壌市内にある農民市場を訪れたことがある。入口には農民市場に関する金日成《キムイルソン》主席の「マルスム（お言葉）」と販売可能・不可能な商品のリスト表が貼られていた。この当時はコメ、たばこ、酒、外国製品などは販売が禁じられていた。私が訪れた日には、ナマズ、野菜、豆、栗などの食料品や金魚、ホウキやモップなどの掃除道具が並んでいた。価格は売り手と買い手の交渉で決められていた。

この農民市場は高層アパートに囲まれた中庭に位置していた。このような市場は各区域に一つずつ設けられているということだったが、当時の農民市場は、合法的ではあるが過渡的措置に過ぎないように思われた。高層アパート群の一角に位置し、四方が塀で囲まれ、外界からは隔離されていた。売り場面積もそれほど大きくなかったし、並べられている商品も限られていた。客もまばらで閑散としていた。あくまで供給で賄えないものを購入する〝補助的手段〟という位置付けだった。現地の人も「立ち遅れた場所」と認識していたのだろう。私にはあまり見せたがらなかった。

危機から生まれた経済改革

一九九〇年代は北朝鮮にとって、建国以来最も厳しい試練のときだった。八九年から九一年にかけて北朝鮮の貿易の七割を占めていたソ連・東欧の社会主義諸国が崩壊した。北朝鮮はこれら社会主義諸国から友好価格で手に入れてきた原油、コークス、ゴムなどの原材料を市場価格で手に入れなければならなくなった。しかも、それまでのルーブルではなくドル決済。北朝鮮はたちまち外貨不足に陥った。

外貨が不足すれば原材料も満足に買えない。原油の輸入も停滞したことでエネルギー不足を引き起こした。それによって工場の稼働率は低下し、生産もままならなくなった。国営商店では生活物資の不足が頻発した。そうしたなか、九四年七月八日、建国の父であった金日成主席が死去。国民は三年間の喪に服すことになった。

悪いことは続くものだ。九五、九六年には二年連続で水害が起きた。特に九五年は「百年来」と言われる大規模なものだった。全国の農場も壊滅的な打撃を受け、北朝鮮は深刻な食糧不足に陥った。この頃の穀物生産量を見ると、九五年は三八〇万トンで、九六年はさらに下がって二六一万トン、九七年が二八六万トン（国連食糧農業機関〔FAO〕統計）。最小穀物必要量五四〇万トンと比べても、約一六〇万〜二八〇万トンも不足していたことになる。

政府が食糧や生活物資をまともに供給できなくなったことで、供給システムは事実上崩壊した。人々は食糧や生活物資を農民市場や闇市場で求めるようになった。職場を放棄して商売に走る人たちも多数現れた。〝補助的手段〟から〝主要的手段〟へと変わった農民市場は、常設市場としてほぼ毎日開かれるようになった。穀物などの統制品も売られるようになり、「闇市化」していった。道端では人々が家にあるものを持ち寄って売ったり、物々交換などで生活物資や食糧を工面するようになった。

北朝鮮で市場の重要性が増すことになった直接のきっかけは、九〇年代後半に至り、建国以来最大の経済危機に見舞われ供給システムが事実上崩壊したことだが、根本をたどれば、他の社会主義諸国に相当程度依存していた北朝鮮経済の構造的脆弱性にあったと考えられる。バーター貿易で自国にないものを他の社会主義国から調達し、輸入品も友好価格で手に入れてきた。旧ソ連・東欧社会主義圏の崩壊、中国の改革・開放政策によってそうした恩恵を受けられなくなると、北朝鮮経済は立ち行かなくなっていったものと推測される。

ここで、北朝鮮の経済システムについて簡単に説明しておこう。金日成氏は朝鮮解放（一九四五年八月）直後から、資本家や地主を敵対勢力とみなし、粛清対象とした。四五年十月十三日に行った演説では、「地主や資本家、民族反逆者を徹底的に粛清すべきなのは当然のこと」だと述べている。つまり、彼は金儲けを悪とみなし、徹底的に排除する国造りを当初から目指していたといえる。

北朝鮮は、臨時人民政府の時代から、ソ連をモデルにした計画経済制度を導入した。四六年三月五日には、個人所有の農地を没収して貧農らに分け与える土地改革を、同年八月一〇日には、鉱山や鉄道、大規模産業施設など、日本の植民地時代に主に日本人が所有していた産業施設を無償で没収する重要産業の国有化を実施した。建国前の四七年二月に最初の経済計画が発表され、建国時に採択された憲法では、「国家が唯一の人民経済計画を作成すること」が明記された。建国当初の四九～五〇年には最初の年次計画である二ヵ年計画が実施されている。

朝鮮戦争（一九五〇〜五三年）の期間中は戦時経済政策が実施されたが、九三年一二月に第三次七カ年計画が未達成であることを認めるまで、戦後も計画経済システムは維持された。第三次七カ年計画を最後に経済計画が発表されることはなかったが、二〇一六年五月に三六年ぶりに開かれた朝鮮労働党第七回大会では、金正恩氏が「国家経済発展五カ年戦略の遂行」を課題に据えた。この点をみる限り、北朝鮮の指導部が計画経済路線を放棄したとは考えにくい。

社会主義計画経済の根幹をなすのは供給システムだ。食糧や生活必需品は、穀物専売所や国営商店などで、国定価格で購入する。商品供給においては注文制度、すなわち人々の注文に応じて商品を生産し供給する商品供給制度が導入された。同制度のもとでは、需要に応じて商品を計画的に供給できるとされた。

経済危機に直面した金正日政権は、市場をつぶすのではなく、これをいったんは容認し、供給システムが正常化するまでの代替手段として利用する現実的な政策を選択した。統制品だった穀物や工業製品なども売れるようにしたが、これはすでに起きていた実態を追認するに等しかった。こうして農民市場は地域市場として機能するようになった。のみならず政府は、国定価格を市場価格に近づけることで、市場でのインフレを抑えようとした。

二〇〇二年七月一日に物価と賃金を実勢に近い形に改定した措置は、ある意味では危機を回避するためのものだったが、西側からは経済改革を示す代表的な動きととらえられた。北朝鮮自身も〇三年六月、国営・朝鮮中央通信を通じて自らの措置を「経済改革」と初めて規定した。これまで改革・開放することなど何もないと主張してきたこととは打って変わって、自ら経済改革を施行していることを認めたのだ。

この物価改定の際に基準とされたのがコメの国定価格だ。四六年以来維持されてきた、農民から政府が買い上げる際の買い上げ価格と政府が国民に供給する際の供給価格が大幅に上がった。コメ一キログラムの買い上げ価格は八〇チョン（一〇〇チョンで一ウォン）から四〇ウォン（〇・二四ドル）に、供給価格は八チョンから四四ウォンに改定された。北朝鮮側では、市場価格にできるだけ近づける形で改定価格を設定したと説明していた。

しかし、私が〇三年に現地で聞き取った時点で、コメの市場価格は国定価格を相当上回っていた。地方都市の咸興《ハムン》（咸鏡《ハムギョン》南道）で一キログラムが二〇〇ウォン、平壌近郊の黄《ファン》海《ヘ》北道松林《ソンリム》では同一六〇ウォンで、国定価格の三〜五倍に達していた。地域は特定しなかったが「八〇〇〜九〇〇ウォンで取引されていた」という韓国人研究者・権英卿《クォンヨンギョン》の指摘もあった。当時からコメの国定価格と市場価格の間には大きな差があったのだ。このことは、需要と供給によって価格が変動する市場システムが、北朝鮮でも導入されていることを示すものでもあった。

当時、日本や韓国の新聞各紙によると、労働者の基本給は平均二〇〇〇ウォン。炭鉱夫は三倍の六〇〇〇ウォン、大学教授が七〜八〇〇〇ウォン、政府の局長クラスが三五〇〇〜四五〇〇ウォンだった。すべてのコメを供給価格で購入できれば、基本給の一番安い一般労働者でもなんとか給料で賄える。炭鉱夫や大学教授ならもう少し余裕があるだろう。ただし、すべて供給価格で購入できるとは限らず、足りない分は市場で購入することになる。


たとえば、〇三年に平壌で取材したリ・チュナさん一家。夫と中学生の娘の三人家族で、IT関連の仕事をしている夫は二四五〇ウォン、託児所で保育士として働くリさん本人は二〇〇〇ウォンの賃金をもらっていた。一家の収入は合わせて四四五〇ウォン。ここから2LDKのアパートの家賃（電気・ガス代込み）三八〇ウォンと水道代・暖房費を差し引き、残りを生活費に充てていた。副食物や野菜は国営商店などで購入し、コメは「供給で賄う」と語っていたが、当時の実際の穀物供給量は一日最大二七〇グラム（FAO・世界食糧計画〔WFP〕調べ）。政府が定める一六〜六〇歳の基準供給量は七五〇グラムだが、これには遠く及ばず、当時目標とされていた一日五七五グラムの約半分にも満たなかった。

二七〇グラムにはトウモロコシなどの他の穀物も含まれており、コメの供給は絶対的に不足していた。〇三年当時平壌で話を聞いたところでは、供給は復活と中断を繰り返しており、地方になると供給制度自体が機能しなくなって何年も経っていると言っていた。「供給？　そんな言葉忘れたよ」と笑って話してくれた労働者もいた。不足分は供給以外の方法、つまり地域市場などで調達するしかなかった。そのような人が増えれば増えるほど、市場価格が上がるのも当然だった。

改革後退と「デノミ」の失敗

「市場の流通規模は七割に減った。市場の利用率は徐々に下がっている」。社会科学分野の中央研究機関である朝鮮社会科学院で国内経済を研究してきた李基成《リギソン》教授はこう力説した。二〇一一年八月にレクチャーを受けた際の話だ。北朝鮮政府が経済改革を断行した目的の一つはインフレを抑制することにあったが、なかなか思惑どおりにはいかなかった。物価の大幅改定の際にコメの価格が基準とされたため、コメの価格が上昇すると同時に、他の品物の価格も顕著な上昇を見せた。

市場では、豚肉一キログラムが二五〇〇ウォンで売られていた。国定価格だと一一〇ウォンだから、実に二二倍だ。エネルギーや原材料の不足によって国営の工場や企業所で生産が停滞し、国営流通網を通じた供給制度はなかなか正常化しなかった。

地域市場は増え続け、人々が生活の糧を得る場所として幅を利かせていた。ただ、政府にとって市場は、いつかはなくさねばならない存在だった。市場が活性化することで、最終的に市場経済にとって代わるのではないかと恐れたからだ。市場をなくすには、まず食糧供給制度を復活させることが先決だった。そこで政府は〇五年一〇月一日付で「糧穀《りようこく》専売制」を実施した。

「糧穀専売制」とは、国家が食糧専売権を握り、区域ごとの食糧卸売商店で穀物を国定価格で供給するというもの。これによって穀物の販売が政府に一括され、地域市場での販売は禁止された。その後、不動産の全面調査（〇六年四月）、個人サービス業の実施調査（〇七年初め）、地域市場の統制（〇七年一〇月）、地域市場の開場日数や販売品目の制限（〇八年一〇月）、地域市場の面積縮小（〇九年六月）など、経済改革に逆行する措置が相次ぎ実施されていった。〇七年四月には首相の朴奉珠《パクポンジュ》氏が解任された。〇三年九月に首相に就任して以来、経済改革の舵取りを行っていた人物だったことから、改革の後退を示唆する動きと見られた（朴氏は一〇年二月に復権。一三年から首相に返り咲いた）。

北朝鮮当局の目論見とは裏腹に、食糧の供給はただちに滞った。コメの価格も上昇し続けた。私は、北朝鮮の人々の暮らしがある程度見えてくると考え、訪朝のたびに定期的にコメの市場価格を調査してきた。その調査結果によると、コメ一キログラムの値段は、平壌では〇七年八月に一三〇〇ウォンだったのが、〇八年八月には二二〇〇ウォンを記録した。一年で一〇〇〇ウォン近くも上がっていたことになる。

地方都市の咸州《ハムジュ》（咸鏡南道）では〇八年八月に二五〇〇～二七〇〇ウォンの値をつけた。これは平壌よりも高かった。当時、市場などで買い物をする際に必要だと思い、案内員に頼んで五〇〇〇円を北朝鮮ウォンに替えてもらったところ、一四万三七〇〇ウォンだった。一円は約二八ウォンになるので、平壌のコメの値段は一キログラム約七八円、咸州のそれは八九～九六円ということになる。

ちなみに一ドルは三一〇〇～三二〇〇ウォン（実勢レート）だと現地の人から聞いた。

インフレがなかなか抑制されない状況で、北朝鮮政府は〇九年一一月三〇日、突如「貨幣交換」、いわゆる「デノミネーション」を断行した。つまり、通貨の切り下げだ。一世帯一〇万ウォンを上限に、交換比率は一〇〇対一とした。目的は膨れ上がった貨幣を吸収することにあった。先ほどの李基成教授も在日の学者を対象にした一〇年八月のセミナーで、「必要以上の貨幣が流通している現象を改善し、国内貨幣の価値を高めることが（貨幣交換の）目的」だと語っていた。

北朝鮮当局は、通貨を切り下げれば、市場価格が下がり、それによって供給システムが復活し市場の役割も弱体化すると考えていた（「朝鮮新報」朝鮮語版・電子版、〇九年一二月四日付）。北朝鮮貨幣の価値が高まれば、人々が賃金の範囲内で暮らしていけるとも考えたようだった。

しかし、結果的に「デノミ」は失敗した。そのことについてはすでに述べられているので、ここでは多くは語らない。ただし、この「デノミ」が一般の人たちから猛烈な批判を浴びたことは改めて強調しておきたい。

当時、巷では、金正日総書記の現地指導に頻繁に同行していた朴南基《パクナムギ》・国家計画委員会委員長のせいで「デノミ」が失敗したと信じられていた。私が会った人々は口々に彼を「ナップンノム（悪い奴）」と罵《ののし》った。一〇年二月には、金英逸《キムヨンイル》首相（当時）が公の場で謝罪したという。当局者が人民の前で謝罪するなど、これまでの北朝鮮では考えられなかった。それだけ一般大衆の怒りが強かったということだろう。

人々の怒りをかき立てたのは、物価が下がるどころか、どんどん上がっていったことだった。コメの市場価格を例にみると、「デノミ」後の一〇年八月に平壌では一〇〇〇〜一五〇〇ウォンの値がついている（国定価格は二四ウォン）。

これだけ見ると価格は下がったように思えるのだが、「デノミ」の交換比率は一〇〇対一だったから、デノミ前の価格に換算すると一〇万〜一五万ウォンになる。これを〇八年八月と比較すると、平壌の市場価格は約四五〜六八倍に上昇した格好だ。

物価は上がるのに給料は据え置き。食べて行けない人が増えた。市民にとっては、苦労して貯めたカネを持っていかれたことも痛手だった。プールしていたカネが多い人ほど被害が大きく、なかには将来を悲観して自殺した人もいたと聞いた。貨幣交換の上限は五〇万ウォンで、それ以上は没収された。交換後の貨幣価値では、五〇万ウォンは五〇〇〇ウォンにしかならない。

一〇年八月に会ったある労働者はこういって嘆いた。

「当初はとても喜んだよ。ぜいたくな暮らしをしている人から（お金を）没収してくれてありがたかった。物価も下がったら給料の範囲内で暮らしていけるしね。でもその後すぐ物価は上昇したんだ。物価高は今がピークさ」

もう供給には頼らない

二〇一〇年九月に化学製品用の原材料や化学肥料などを生産する南興《ナムン》青年化学連合企業所（平安南道《ピョンアン》・安州《アンジュ》）を訪れた時のこと。寮の食堂で興味深い掲示物を発見した。「寮生一日の供給量」である。

この掲示物には、寮生一人当たりの一日に必要な食料の種類と量が記されている。たとえば、穀物の場合、コメ四〇〇グラム、雑穀二〇〇グラムの計六〇〇グラムが一日に賄《まかな》うべき量だ。その他、豆五〇グラム、肉一〇〇グラム、魚一〇〇グラム、野菜一五〇〇グラムなどのデータが記されている。

下の方を見ると、「国家の食糧供給基準量四七五グラム」とある。政府が寮生一人当たりに供給する穀物の量だ。ということは、一二五グラムが不足する。この不足分については、「四五〇〇坪ある寮の副業地で収穫した穀物で補う」と明記されている。政府が賄いきれない従業員の食糧を企業が解決していたわけだ。穀物以外は補充量が書かれていないから、とりあえずは国家から供給される分で賄っていたと考えられる。

このような例は他にも見られる。中国・吉林省の中山貿易輸出入公司と合弁で家具を生産する栄光家具合弁会社（平壌市兄弟山《ヒョンジェサン》区域）もその一つだ。一九九三年、従業員七人の国営企業としてスタートした同社は二〇〇四年に正式に合弁会社となり、〇七年には二九〇人の従業員を抱える大企業へと成長した。私が同社を訪れた〇八年には、平壌に二カ所のショールームを構え、平壌市郊外には大規模な工場を所有していた。

ショールームと工場を見学した際に驚いたことがある。ひととおり見終わった後、休憩室で一休みしていると、中国から輸入した缶コーヒーと国産のペットボトルのミネラルウォーターがサービスで出てきたのだ。これまで北朝鮮で色々な工場や企業所を訪問してきたが、サービスで飲料水が出てきたのは初めてだった。北朝鮮の企業にしては珍しく、パンフレットも用意されていた。ガイドをしてくれた二〇代後半の女性に給料の額を聞くと、「二〇〇〇ウォン」と答えた。決して多くはないが、「コメは会社から供給されるので、食糧には困らない」ということだった。

　南興青年化学連合企業所の寮の食堂では、もう一つの掲示物も目を引いた。寮生への「一日の食糧基準」表。この表が興味深いのは、それぞれの食材ごとに単価が記され、供給量と金額が記されている点だ。

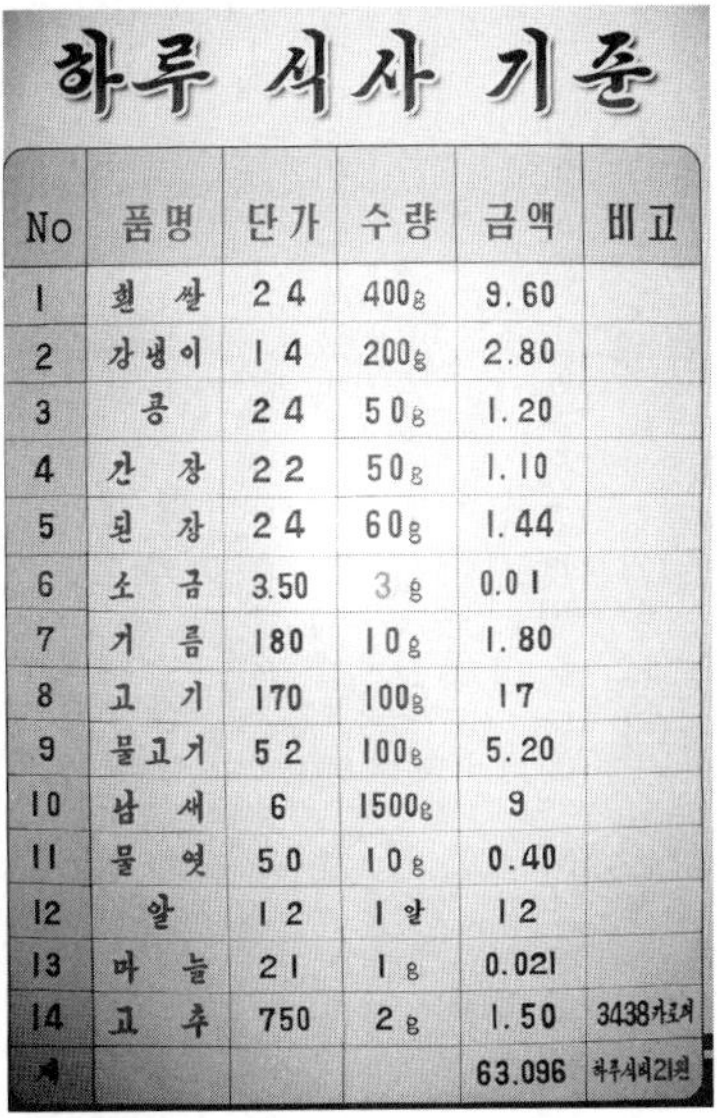

하루 식사 기준

No	품명	단가	수량	금액	비고
1	흰쌀	24	400g	9.60	
2	강냉이	14	200g	2.80	
3	콩	24	50g	1.20	
4	간장	22	50g	1.10	
5	된장	24	60g	1.44	
6	소금	3.50	3g	0.01	
7	기름	180	10g	1.80	
8	고기	170	100g	17	
9	물고기	52	100g	5.20	
10	남새	6	1500g	9	
11	물엿	50	10g	0.40	
12	알	12	1알	12	
13	마늘	21	1g	0.021	
14	고추	750	2g	1.50	3438카로리
계				63.096	하루식비21원

企業所従業員のための「１日の食糧基準」表（2010年９月）

　たとえば、一番上の白米は一キログラムが二四ウォンとなっている。これは当時の国定価格と一致する。供給量は四〇〇グラムなので金額は九・六ウォンということになる。次のトウモロコシが一キログラム一四ウォンで、供給量が二〇〇グラムだから二・八ウォンという計算になる。こうして供給食料それぞれの単価と量を明記したうえで六三・〇九六ウォンという合計金額も記している。

つまり、寮生一人当たりの一日の食費は約六三ウォンということになる。一カ月三〇日と計算すると、月の食費は一八九〇ウォン。二〇〇〇ウォンの給料をもらっている人なら、給料のほとんどが食費に消えることになる。ちなみにここでの価格はすべて国定価格だ。政府の供給が途絶え地域市場で調達しなければならなくなった場合には市場価格で購入することになる。そうなれば、食費をこの金額で抑えることなど、とうてい不可能だったはずだ。

北朝鮮では、従業員の食糧を自力で解決する企業所や工場が増えた。逆にいえば、そういった工場や企業所でなければ従業員は離れてしまう。

「デノミ」では、各企業所でプールしていたカネも吸い上げられた。だから、企業は生産量を少なめに報告して国家に上納した後、余剰分をプールしている。従業員を食べさせるためだ。協同農場でも収穫を調節して余剰米を市場などに横流しする。売り上げは農民たちで分け合うのだ。

なくならない〝必要悪〟

「国産のミョンテ（明太）はある？」。平壌の統一通りにある地域市場を訪れた際、魚売り場の売り子に聞いてみた。ミョンテとは、スケトウダラを干したもので、酒のつまみやおかずなどに使われる北朝鮮では人気の食品だ。「タルピ」とも呼ばれる。だが、〇八年夏当時は北朝鮮産のミョンテを市場で販売することは禁止されていた。乱獲が原因でスケトウダラが減っているからだと人々は噂していた。政府は環境問題を理由に乱獲を禁じ、市場での販売も統制していた。そのため、隣の店では中国産を売っていた。中国産の販売は許されていたからだ。「国産が欲しい」という私に、売り子は隠していた国産ミョンテをこっそり出してくれた。その代わり値段は中国産より高かった。

「二七ドルにまけるから買っていきなさいよ」。二〇一一年夏に統一通りの地域市場でマツタケを物色していた際、店員から声をかけられた。本来は一キログラム三〇ドルだが、「三ドルもまけてあげる」という。市場では本来は北朝鮮の通貨しか使えないはずだ。だから、わざわざドルや円などの外貨を国内通貨に換えて持参していた。規則違反であることを意識しているのかいないのか、店員は堂々としていた。

　その前年に同じ統一通りの地域市場で中国製の懐中電灯を買った。北朝鮮の値段で五〇〇〇ウォンだったが、ドルで払っても構わないという。一〇ドル払ったところ、おつりは国内通貨で戻ってきた。「一〇ドルが一万五〇〇〇ウォンだから、おつりは一万ウォンね」と店員。この時のやり取りで、一ドルの実勢レートが一五〇〇ウォンであることが分かった。当時の公定レートは一ドル＝一〇〇ウォンなので、なんと一五倍だ。一一年夏の実勢レートは一ドル＝二五〇〇〜二九〇〇ウォンだった。北朝鮮ではドルの実勢レートはしょっちゅう変わる。

〇五年一〇月の「糧穀専売制」の施行後、コメをはじめとする穀物は市場では売ってはいけないことになっていた。だから、公には売られていなかったが、「コメが欲しいと言えば、こっそり出してくれるよ」と現地の人から聞いた。

北朝鮮当局は、このような〝不正〟がはびこる市場を「非社会主義的な場所」として嫌う。〇七年一〇月頃から地域市場の統制が本格化したことは先述したとおりだ。売り子の年齢を制限したり、開場日数を制限したりもした。それでも完全になくすまでには至らなかった。市場が〝必要悪〟と考えられてきたからだ。

「副業生産や農民市場が残っているのは悪いことではなく、むしろ良いことだ。日用品や副食物を国家で十分に供給できない現状では、個人が副業で生産し市場で売って何が悪いのか」

いまから約半世紀前の一九六九年三月一日に金日成主席が語った内容だ。彼はこうも言っている。「法律で農民市場をなくしたところでどうなる。もちろん市場はなくなるが、闇取引は依然として残るだろう」。農民たちは副業で生産した鶏や卵の処分に困り、結果的に訪問販売や裏通りで売る結果になるというのだ。

このような考えは息子の金正日総書記にも受け継がれた。〇八年六月一八日に党・国家の経済閣僚らに対し、「市場を強制的に抑え込もうとしても闇取引が横行する」と語っている。闇取引が横行すれば、闇の価格は上昇する。そうなると「むしろ人々の生活に不便を与える」というのも、親子に共通した意見だった。

とはいえ、二人とも最終的には市場をなくしたいと考えていた。そのためには、食糧などの供給を正常化することが不可欠だが、なかなか難しい。供給を正常化するには、国営企業・工場の生産を正常化する必要があるからだ。生産を正常化するには、企業や工場が正常に稼働しなければならないが、そのためにはエネルギー、つまり電力や石油が必要になる。エネルギー不足で工場が稼働しない→生産が正常化できない→供給が正常化できない、という〝負のスパイラル〟に、北朝鮮当局は悩み続けている。

平壌靴下工場（平壌市平川《ピョンチョン》区域）に、イタリアから女性用ストッキングを生産する新しい設備が投入されたのは二〇一〇年のことだった。一一年八月に同工場を訪れた際、技師長のハン・チョルホさんは、「女性用靴下の年間生産力は一〇〇〇万足だが、来年には二〇〇〇万足を目指す」と語った。年間二〇〇〇万足生産できるようになれば、平壌市だけでなく平壌市の一部近郊にも供給できるようになるからだ。工場内に展示されていた女性用ストッキングの値段は二〇〇ウォン、タイツは三〇〇ウォンと記されていた。

　一一年の生産量は目標を超過達成したため一〇八〇万足。平壌の女性人口は約一七〇万五〇〇〇人（〇八年人口調査）だから、幼児から高齢者まで年齢に関係なくすべての女性に靴下を供給した場合、一人当たり年間六足ずつ供給できる。仮に春・夏にストッキング

イタリアから取り寄せた平壌靴下工場の設備（2011年8月）

展示コーナーで販売されているストッキング（2011年8月）

三足、秋・冬にタイツ三足をそれぞれ供給した場合、ストッキングが六〇〇ウォン、タイツが九〇〇ウォンの計一五〇〇ウォンが靴下代金になる。一般労働者の平均月収を二〇〇〇ウォンとすると年収は二万四〇〇〇ウォン。年収の一六分の一が靴下代金にあてられる計算になる。

しかし、これはあくまで工場がフル稼働し年間生産目標を達成できた場合だ。エネルギー不足で工場が正常に稼働しなかったり、原料不足で生産目標を達成できなければ、供給分を受け取れない人たちも出てくる。我慢して破れた靴下を繕ったりして何とかしのいでいくか、高い金を払って市場で靴下を購入するしかない。ちなみに、一二年六月に統一通りの地域市場で購入した女性用ソックスの値段は、なんと一足五〇〇〇ウォンもした。

バッタ市場からダニ市場に

二〇一一年八月のある日、朝の日課で大同江《テドンガン》（平壌中心部などを流れる北朝鮮で五番目に長い川）沿いをウォーキングしていると、見知らぬ中年女性から日本語で声をかけられた。

女性は、一九五九年に始まり八四年に終了した帰国事業で日本から北朝鮮に帰国したという。北青《プクチョン》（咸鏡南道）という東海岸の田舎町から、三日かけて平壌にやってきたそうだ。家族全員で帰国したため、日本に家族はいないという。平壌へは時々買い出しにくるそうだ。短期訪問で日本から来た同胞などを相手にスケトウダラの干物を売って、そのお金でコメを買うのだという。

私にも「買ってくれ」とせがむので、一〇匹購入した。「配給もないし、どうやって暮らしていけばいいのか。希望が持てない」と嘆くおばちゃんに同情したからだ。しかし、その割には高そうな日傘をさし、顔色も良かった。その後も朝、ウォーキングのたびにこのおばちゃんを見かけた。

おそらく彼女は商売人だろう。おばちゃんは元締めのような人からスケトウダラを卸値で購入し、それを売って利益を得ているのだと思う。地域市場で場所代を払えば合法的に売ることが可能だが、場所代を払えないから（あるいはもったいないから）、道端《みちばた》で通りすがりの人に声をかけていたのではないか。統一通りの地域市場で見かけた買い物袋を売る女性と同じで、個人で動いているわけではなく、組織に雇われているに違いない。北朝鮮の人々は、こうした人たちを〃チャンサクン（商売人）〃と呼ぶ。このような表現があること自体、個人事業主の存在を認めているといえる。

おばちゃんが売っていたスケトウダラの干物は一〇匹で三万ウォン（一〇〇〇円）。一〇〇匹売れば三〇万ウォンだ。彼女によれば、当時北青でコメは一キロ二〇〇〇～二二〇〇ウォン。三〇万ウォンあれば一五〇キロは買える。十分すぎる量だ。ちなみにこの当時、

北朝鮮の街頭でしばしば見かける屋台（2011年８月）

統一通りの地域市場ではスケトウダラの干物が一〇四三万五〇〇〇ウォンで売られていたから、市場価格よりは少し割安だ。

北朝鮮には地域市場以外にも、〝キルゴリ市場〟〝キルゴリ商店〟と呼ばれる市場がある。キルゴリは日本語で路上。文字通り路上で物を売る「闇市」だ。この〝キルゴリ市場〟のことを、現地の人たちは〝メトゥギ市場〟と呼んでいた。メトゥギとはバッタである。こうした市場は取締りの対象だから、時々警察官（北朝鮮では保安員と呼ばれる）がやってくる。それを察知して飛んで逃げる売り子の様子がバッタに似ているからとつけられたあだ名だ。でも、警察官が去っていくと、売り子たちは元の場所に戻ってきて、平気な顔で商売を続ける。

二〇一二年頃になると、取り締まろうとする警察官に対して、市民たちが抗議をするようになった。逃げずにそのまま商売を続ける売り子も増えた。〝メトゥギ市場〟は〝チンデゥギ（ダニ）市場〟に変わった。その場に張り付いて離れないというイメージだろうか。日本では、ダニには悪いイメージがつきまとうが、北朝鮮では「たくましさ」を象徴する代名詞だった。

動かない列車と〝にわか市場〟

もう何時間経ったろうか。列車は仁興《インフン》（咸鏡南道）という駅に止まったまま、びくともしない。二〇一一年九月四日午前七時、咸興から平壌に戻る列車のなかで目が覚めた。列車は午前二時から三時の間に止まったようだった。咸興を出発したのが三日の午後一一時半過ぎだったから、二～三時間ほど走っただけで止まってしまったことになる。北朝鮮では珍しいことではない。

線路の上にはにわか市場が立った。一〇〇ウォンで洗顔・歯磨き用の水を提供する小学校低学年ぐらいの子どもや、マツタケを線路上で干している若者四人組もいた。マツタケ売りの若者たちは、平壌へ持って行って売る予定だという。列車の遅延で鮮度が落ちるといけないからと、干しているとのことだった。

日本では高くて食べられないマツタケを何とかゲットしようと、同行した男性案内員に頼んで値段の交渉を始めた。一本二〇〇〇ウォン（約〇・八ドル）。最初は二本購入し、生のマツタケに咸興駅で買ったコチュジャンをつけて食べてみた。まさしくマツタケの香りだ。独特の食感もたまらない。追加で二本を購入した。気のいい若者たちだった。

昼になっても列車はまったく動く気配を見せない。昼食も列車のなかでとらねばならないが、持参した食べ物はすでに底をついていた。乗務員に頼んでマツタケスープを作ってもらった。列車内に調理場がある。もちろんタダではない。私に内緒で案内員がこっそりチップを払っていた。

仁興（咸鏡南道）駅で購入したマツタケ（上）と列車の乗務員が作ってくれたマツタケスープ（2011年9月）

仁興は小さな駅で市場といってもそれほど物があるわけではない。売っているのはトウモロコシやお弁当ぐらいだ。

弁当を購入しマツタケスープと一緒に食べた。たまらなくおいしかった。北朝鮮の人たちはこういう状況に慣れているのか、線路上で各々トランプを始めたり、外で食事を作って食べたりして暇をつぶしていた。

在日である私は列車の外に出ることを禁じられていた。北朝鮮の人民以外は許可なしでは外に出られないからだ。本を読むか、寝るか、酒を飲むしかない。持参した平壌焼酎は全部飲んでしまった。線路市場で、案内員に〝チョピ（山椒）スル（酒）〟という焼酎を一本購入してもらった。七五〇ミリリットルで一五〇〇ウォンだから〇・六ドルほどだ。意外といけたので、もう三本購入した。ところが、これが四本とも味が違うのだ。「いったい本物の〝チョピスル〟はどれなんだ！」と叫びたくなった。おそらく、ビンは同じでも中の酒が違うのだろう。

そういえば、駅や路上で物乞いをする子どもたちは「ビンでもいいからください」としきりに叫んでいた。北朝鮮では路上や駅頭で物乞いをする子どもを「コチェビ」と呼ぶ。ロシア語の「コチェビエ（放浪）」、「コチェウニク（ホームレス）」に由来しているといわれる。コチェビたちはビンを売って日銭を稼いでいるのだろうか。そのビンのなかに家で作った酒を入れて売っているのかもしれない。

二〇一〇年当時、地方都市では、北朝鮮で人気の大同江ビールの「偽物」も売られていた。ビンは間違いなく大同江ビールなのだが、味がまるで違う。それなのに九〇〇ウォン。国営の平壌第一百貨店では当時一本一四〇ウォンだったから、偽物の方が高い。しかし、考えようによっては、彼らはビンをリサイクルしているだけだ。「ビールには違いないのだから、別にだましたわけではない」と反論されるかもしれない。

このような不正行為を北朝鮮政府は嫌う。だが、私は逆に、こうした現象を目撃するたび、北朝鮮の人々にある種の親近感を感じる。もちろん、やっていることは良くないことかもしれないが、これも彼らの生きる知恵である。一九九〇年代、政府の供給が中断し、自力で食糧を調達しなければ死を待つしかなかった状況で、人々はあらゆる知恵をしぼって生き抜いた。それが、いまの北朝鮮の人々のたくましさやしたたかさにつながっているのではないかと思う。

結局、列車は夜中まで動かなかった。真っ暗な夜空に満天の星。まるで星が空から降ってきそうだった。流れ星も何度か目撃した。夕食を食べ終えた午後九時頃だっただろうか。列車の席でうとうとしかけた頃、大勢の笑い声や歌声が聞こえてきた。乗客が列車から降りて、歌を歌ったり、漫才で笑わせたり、踊ったりしているのだった。列車で知り合ったばかりの人たちが、まるで昔からの友人のように打ち解けていた。昼間は市場が立っていた線路の上が、夜は宴会場に変わった。

日付が変わって二時間後の五日午前二時頃、列車がやっと動き始めた。午前三時頃、高《コ》原《ウォン》（咸鏡南道）駅に到着した。ここでも長時間停車したが、高原は大きな駅なので、にわか市場の品数も多い。午前九時頃、列車の窓から外を眺めると、マッタケ売りの若者たちが朝食をとっている周辺を、ホームレスやコチェビが歩き回っているのが見えた。食べ物を恵んでほしいのだ。

若者の一人が白いご飯を分けてあげながら言った言葉がふるっていた。「熙川《ヒチョン》に行け」。当時、熙川（慈江《チャガン》道）では大規模な発電所が建設されていた。金正日総書記お墨付きの国家的プロジェクトには大量の人員が動員されていた。そこへ行って働けば、とりあえずは食べ物と寝る場所は確保できる。「こんなところで物乞いなんかしてないで、食べさせてもらいながら国家に貢献せよ」というわけだ。絶妙なユーモアセンスに爆笑してしまった。

ホームレスは〝コンダルクン〟と呼ばれていた。コンダルには「ゴロツキ」などの意味もあるが、北朝鮮では主に「怠け者」というニュアンスで使われる。クンがつくと、相手を見下す意味になる。九〇年代の経済危機を経た北朝鮮の人々は、みな、自力で生きていくのに必死だ。何もしなくても食糧や生活物資が国家から支給されていた時代は過ぎた。生き抜くためにいろいろと知恵を絞っている。だから、自分からは働こうとしないで、人にばかり頼る人に対しては批判的なのだ。商売などで成功している者ほど、そうした傾向が強い。

「とにかくお金」というのが近年の傾向だが、困った時には助け合う精神まで忘れたわけではない。マツタケ売りの若者たちは、文句を言いながらもホームレスに食べ物を恵んであげていた。

北朝鮮の経済がどん底だった九〇年代後半、人々はトウモロコシのお粥《かゆ》を食べて空腹をしのいだ。「コメがなくて弁当を持ってこられない人もいて、そんな時には一つの弁当を分け合った。量が多い時にはあげて、少ない時にはもらって。そういう助け合いの精神があったからこそ、あの大変な時期を乗り越えることができた」。前述のリ・チュナさんが〇三年に語っていた言葉を今でも時々思い出す。

「本当にコチェビ?」

「ドスン」。二〇一一年夏、真っ暗な咸興駅から列車がゆっくりと走り出したとたん、私の乗った車両に何かがぶつかった。よく見ると、小さな男の子だ。小学校低学年だろうか。列車が出発する前に食べ物でも恵んでもらおうと駅で待っていて、そのまま眠ってしまったのかもしれない。「ガタン」という列車の動く音に飛び起き、慌てて列車に駆け寄ったら、ぶつかってしまった。さしずめそんなところだろうか。男の子が死んだのか、大けがをしたのか、その後は分からない。数年たった今でも、男の子がぶつかった時の「ドスン」という音が耳から離れない。

北朝鮮の地方に行くと、コチェビたちをよく見かける。特に多いのが、人の行き来の多い駅頭だ。同じ一一年夏、咸興に向かう途中の高原駅で物乞いをする女の子を見かけた。三日後、平壌へ帰る時にも同じ子を見かけた。服は同じもので、汚れていた。「ビンをください」というまったく同じセリフを叫んでいた。「親がさせているのだ」。同行した案内員の口調は批判的だった。「子どもなら同情して物やカネを与える人もいるだろう。働きたくない親が子どもにコチェビのふりをさせているのだ」と吐き捨てるように言った。

確かに、コチェビの中には、さほど痩せていない子も見かけた。顔色も悪くないし、服装も汚れているだけで、ボロボロではなかった。北朝鮮に行けば分かるが、現地の子どもたちは大概が「着たきりスズメ」だ。しかも、風呂の設備が充実していないから体を毎日洗えるわけでもない。だから、どんな子どもでも薄汚れて見える。特に地方ではそんな子が多い。それでもかわいそうだと思ったのか、案内員は一人のコチェビにトウモロコシをあげた。すると、どこに隠れていたのか、十数人の子どもたちがやってきて、「僕たちにもくれ」という。結局、手元にあったトウモロコシは全部なくなった。

ある地方でもコチェビと思われる集団を見かけた。同行した案内員が「これを食べたらちゃんと勉強するんだよ」と言って、パンをあげた。子どもたちは「はーい」と言って走り去っていった。「お腹がすいているはずなのに、走る元気はあるんだ」と不思議に思ったことを覚えている。

一九九〇年代後半の経済難の時期には、親を亡くしたり、親に捨てられた子どもたちがコチェビになった例は少なくなかった。幼い子どもたちが、生きていくために物乞いや盗みをするしかなかっただろうことは容易に想像できる。日本でも、裸足の子どもが市場に落ちている米粒を拾う姿を隠し撮りした映像が流れたりもした。

コチェビは今でもいる。だが、現地の人たちは言う。「政府だって子どもたちを放っておいたわけではない。全国各地に育児院（孤児院）を建て、コチェビたちを収容できるようにした。少なくとも育児院に入れば食糧の供給は受けられる」。ところが、一度放浪癖のついた子どもたちは、団体生活が嫌で育児院を飛び出してしまう、というのだ。確かに、パンをあげたら元気に走り去ってしまった子どもたちが本当にコチェビだったのか、と首をかしげたくなる部分もある。勉強が嫌で学校をさぼっていたのかもしれない。

もちろん、育児院の存在を知らなかったり、入れなかった子どももいただろう。育児院で供給が滞れば再び飢えることになるかもしれない。それでも誤解して伝えられている部分もあると思う。もちろん、理由はどうあれ、物乞いをする子どもたちがいない社会に早くなってほしい。

インジョコギとイタリアン

その食べ物を初めて目にしたのは北朝鮮の食卓だった。「人造肉」だ。北朝鮮では「インジョ（人造）コギ（肉）」と発音する。インターネットの「世界大百科事典 第2版」（平凡社）では、「植物などを原料として肉様に加工した食品」と説明されている。食べてみると意外にいける。

一九九〇年代後半の経済難の時期から、肉の代用食品として食卓に上るようになった。大豆をすりつぶして布のように伸ばしており、ヤンニョム（朝鮮語で調味料のこと）をつけて食べたり、揚げたり、キムパプ（太巻）の材料として使われるという。私は揚げたものを食べたが、ビールの肴に結構いけた。

二〇一〇年代に入っても、庶民の生活は苦しかった。人造肉のような代用食は依然愛用され続けていたし、外食をする際にも「カンネンイ食堂」などリーズナブルな場所が好まれた。カンネンイとは、朝鮮語でトウモロコシのこと。その名のとおりトウモロコシを材料にした料理を食べさせることで有名だ。ちなみに韓国ではトウモロコシをオクススというのが一般的だ。人気は「カンネンイクッス（トウモロコシ冷麵）」。そば粉でなくトウモロコシの粉を原料とした冷麺だ。一度男性案内員と一緒に入ったことがある。酒は多少値が張るが、持ち込み可能なので、買い込んでおいた平壌焼酎を持参した（北朝鮮ではお酒が持ち込み可能な店が少なくない）。結構お腹いっぱいになったが、大人四人で一二〇元（一一年九月の価格）。北朝鮮の人々にとっては手頃な値段なのだろうか。店は超満員だった。

食糧危機の際に好んで食された人造肉。ビールによく合う

逆にイタリア料理店（平壌市光復《クアンボク》通り）は閑古鳥が鳴いていた。一一年九月、「カンネンイ食堂」に同行した男性案内員と運転手を連れて行ったが、平日の夕方のせいか、一〇〇人は収容できる広いホールに、客は私たちと若い男性グループのみ。〝総合ピザ〟と名前のついたアラカルトピ

ザとトマトソースのパスタを頼んだ。

　本場イタリアから職人が来て伝授したというだけあって、窯で焼きあげられたピザは美味しかった。パスタは少し脂っこかったが、それでもまあまあの味だった。だが、案内員は少し口にしただけで「まずい」。運転手は口にすらしなかった。二人とも「ウリサラム（朝鮮人）の口には合わない」「二度と食べようとは思わない」と言っていた。

　ピザやパスタにはやはりワインが合うと思ったが、イタリア製ワインは二一ドルもする。「そんな高いお酒注文するな」と案内員に言われ、結局、北朝鮮製の焼酎（二五度）を頼んだ。イタリア料理と焼酎のコラボはお世辞にもマッチするとは思わなかったが、値段は三人で三三ドルに抑えられた。それでも、北朝鮮の人々にとっては贅沢の部類に入るのだろう。案内員たちは値段を聞いて驚いていた。「こんなに高いと国内の人は食べに来られない」、「ピザやパスタではお腹がいっぱいにならない」。案内員の言葉に、ただうなずくしかなかった。

　北朝鮮当局は、ハンバーガーショップやイタリア料理店などの外食産業が参入している

平壌のイタリア料理店

ことを自慢するが、一般庶民には高嶺の花だ。それよりは「カンネンイ食堂」のような場所を増やしてほしいというのが本音だろう。

地方で外食してみた

北朝鮮最高峰の白頭山（二七四四メートル）に登るために中朝国境の町、三池淵《サムジヨン》（両江《リヤンガン》道）を訪れた際、地方で外食することがあった。ホテルに到着した時間が遅くなってしまったので、夕食を急きょ外でとることになったのだ。街中にある小さな食堂に入った。シカやイノシシの胃袋刺やジャジャン麺など何種類かを頼んだ。刺身もジャジャン麺も想像以上に美味しかったし、地鶏のゆで卵も美味だった。三テーブルほどしかない小さな部屋の横に調理場があり、そこで料理を作って出してくれる。三人の女性が切り盛りしていた。韓国の時代劇に出てくる朝鮮王朝時代の酒場のような風情だ。

地元の人に聞くと、地方の食堂はだいたいこんな感じだという。焼酎は持参したので純粋に食事代だけで一人約六万ウォン。一般事務員の月給二〇カ月分だ。決して安くはない。それでも地元の人たちが結構訪れていて満席。外には行列ができていた。

翌朝はホテルで朝食をとった。両江道の名物といえばカムジャ（ジャガイモ）だ。食卓にはジャガイモ餅やベイクドポテトなど数々のジャガイモ料理が並んだ。昼食にはジャガイモのチヂミが出た。食糧事情が苦しかった当時、ジャガイモを主食にしていた時期もあったため、さまざまなジャガイモ料理が考案されたのだ。もちろん、ホテルで出たジャガイモ料理は、庶民の食卓にのぼるものとは違うだろう。

両江道から咸鏡《ハムギョン》南道咸興《ハムン》に向かう途中で立ち寄った食堂も三池淵の食堂のような風情だった。部屋は心持ち小さめで、調理場兼売店ではジュースや酒なども売っていた。経営者は三人の女性。キノコのスープとご飯、キノコ炒めで四〇〇〇ウォン程度。田舎の料理らしく、素朴な味で美味しかった。道の途中ではドライバーにリンゴを売っている人も見かけた。

国定価格と市場価格

平壌で一番有名な場所といえば、故金日成主席と故金正日総書記の巨大な銅像が立つ万《マン》寿台《スデ》の丘だろう。そこから五分ほど歩いたところに平壌第一百貨店（平壌市中区域）がある。一九八二年に開店した老舗デパートだ。「ここでは国産品を国定価格で販売します」と百貨店側は説明したが、なかには外国製の商品も置かれていた。

表1-1は、同百貨店におけるノートと運動靴の国産品と外国製品の価格を列挙したものだ（価格は一部）。外国製品に比べ、国産品が安価なのは一目瞭然だ。たとえば、ノート

表1-1　平壌第一百貨店の国産品と外国製品の価格比較

	国産品	外国製品（中国製）
ノート	5、8、14、90	1,150、1,600、1,800、2,400、3,700
運動靴	284、345、360、435	15,800、27,500、32,600、33,500

2011年8月の価格、筆者調べ。単位は北朝鮮ウォン

の一番安い品物同士を比較した場合、国産品は五ウォン、外国製品は一一五〇ウォンなので、国産品は外国製品の二三〇分の一で購入できる。同様に運動靴の場合は、国産品が二八四ウォン、外国製が一万五八〇〇ウォンなので五五分の一だ。

たとえば、月給二〇〇〇ウォンの一般労働者の場合、最も安い国産品のノートなら給料の四〇〇分の一の出費で済むが、外国製品の場合は最低価格のものを購入した場合でもノート一冊で給料の半分が消えてしまう。同百貨店で売られている国産の歯磨き粉は一本九〇〜二〇〇ウォンで、歯ブラシは一本一一ウォンと低価格だ。

消費者は当然低価格の国産品を選択すると考えられるが、ここで問題となるのが品質だ。平壌第一百貨店では次ページの写真のように国産品と外国製品が同じ場所に陳列されていたが、外国製品の方が格段に良質であることは、誰の目にも明らかだった。なかには、高価であっても質の良い外国製品を選ぶ人もいるかもしれない。実際、需要がなければ外国製品が店頭に並ぶことは考えにくい。

平壌市光復通りにある北朝鮮初のスーパーマーケットでは、平壌第

外国製と国産のノートを同じ場所に陳列（平壌第一百貨店、2011年9月）

一百貨店のような国営商店と価格競争をしながら、市場価格より安く設定しているようだった。死去の二日前に訪れた金正日総書記の指示によるものだという。実際、パン一個の価格を比較すると、平壌第一百貨店では二〇〇ウォンのパンが、同スーパーでは二六八ウォンで売られていた。

しかし、国産ノートの価格は一冊八五〇ウォンで、五〜九〇ウォンの平壌第一百貨店に比べれば非常に高額だった。国産のスポーツウェアは上下で二万一三〇〇ウォン。統一通りの地域市場で春・秋用のジャンパーとパンツのセットが一〇万ウォンで売られていたのに比べれば、同スーパーの価格は市場価格より安いといえる。

では、その市場価格について、統一通りの地域市場で調べた範囲で見てみよう。

たとえば、リンゴ一キログラムの価格は、一〇年九月の三〇〇〇ウォンから、一一年八月には一万三五〇〇ウォンで、四・五倍にはね上がっていた。バナナ一キログラムの場合、一〇年九月の五〇〇〇ウォンから一一年八月には五六〇〇ウォンと六〇〇ウォンの上昇。オレンジ一キログラムの価格も、一〇年九月の五〇〇〇ウォンから、一一年八月には五六〇〇ウォンと、これも六〇〇ウォン上昇した。卵一個は、一〇年九月に三〇〇ウォンだったのが、一一年八月には三八〇ウォンになっていた。

　また、マツタケは一〇年九月には一キログラム二万ウォン（約一三ドル）だったが、一一年八月は三〇ドルと倍以上に値上がりしていた。価格は一定ではなく、需要と供給によって変動していることがうかがえる。

統一通り市場で購入したPanasonicのSDメモリーカード

　統一通りの地域市場では食料以外にもさまざまな生活物資が売られており、たとえば中国製のＳＤメモリーカード（２ＧＢ）は二万八〇〇〇ウォン（一一年八月二三日）、中国製の懐中電灯は五〇〇〇ウォン（一〇年九月三日）、婦人用ジーンズは一着六万ウォン（一一年八月二三日）だった。

　北朝鮮では、二〇〇二年七月一日に物価改

定措置が施行され市場価格に近付ける形でコメの国定価格が改定されたにもかかわらず、その当初から国定価格と市場価格の間に大きな差があったことはすでに述べた。こうした市場価格の変動は、コメだけでなく地域市場で販売される品物全般にわたっていた。地域市場にある全ての品物の価格を調査できたわけではないが、少なくとも食料品に関しては価格が頻繁に変動していた。

北朝鮮当局は、市場価格が無制限に上がることで人々の生活に支障を来すことのないよう市場限度額を設け、それを超えた取引については取締りの対象としていたが、それほど効果は出ていないことがうかがえた。さらに、同じ品物でも市場によって価格が異なる場合もあり、価格が一定していなかった。国営商店と合弁商店とでは価格が異なり、国定価格と市場価格以外の「第三の価格」が存在した。

地域市場において、需要と供給によって価格が変動する市場メカニズムが導入されているという現実は、北朝鮮でも市場経済のシステムが浸透していることを示す一つの動きといえよう。

第二章

経済から読み解く金《キム》正《ジヨン》恩《ウン》体制のゆくえ

新興富裕層の台頭

一九九〇年代後半の経済難当時、その女性の財布には二〇〇ウォン（当時の公定レートで約一〇〇ドル）しか入っていなかった。それが夫の死後、再婚した相手のつてで平壌にホテルを構えることに。いまや大金持ちの一人に数えられる。こんな話をその女性の大学時代の友人で専業主婦のCさんから聞いたのは、二〇一一年に訪朝した時だった。

平壌ホテルの向かいにそびえ立つ平壌大劇場の中には大規模収容人数を誇るレストランがある。その名も「大劇場食堂」。朝鮮料理を中心にメニューも豊富で、カラオケができる個室もある。経営者は一流大学卒の女性。Cさんはその女性とも知り合いだ。「外務省で働くよりお店を開いた方がお金になる」とうらやましそうに語っていた。外語大出身のCさんの周りには外務省で働く人もいるが、たいした給料はもらえない。

彼女によると、朝から食事を配達させる富裕層もいるらしい。そういえば、一一年九月に大同江のほとりでピクニックをしていた際、「食器を洗いましょうか?」とハルモニ（おばあさん）が近づいてきて驚いたことがある。これも商売の一種だ。こんな商売も成り立つのかと思ったが、金を払って食器を他人に洗わせるほど余裕のある富裕層がいるということだろうか。

カネは朝鮮語で「トン」という。北朝鮮では新興富裕層のことを〝トンジュ〟（金主、銭主）と呼ぶらしい。韓国や日本の研究者やジャーナリストの本などで読んだ。「らしい」と書いたのは、私自身は北朝鮮でこのトンジュという言葉を実際に聞いたことがないし、そう呼ばれる人たちに会ったこともないからだ。韓国・慶南大学極東問題研究所のイム・ウルチュル教授の著書によれば、流通、不動産、金融、賃貸、雇用市場の成長をけん引しているのがトンジュだ（イム・ウルチュル著『金正恩時代の北朝鮮経済』）。

私はむしろ〝チャンサクン〟（商売人）と呼ばれる人たちに遭遇する場合が多かった。トンジュは、どちらかといえば金貸し業、新興富裕層の意味で使われる。海外同胞だからか、私はそういった人たちにお目にかかる機会はなかった。それはさておいても、北朝鮮で新興富裕層が台頭しているのは確かだ。Cさんの話ではないが、国家公務員になるより、お店でもやった方が金になると思って商売を始める人もいる。

北朝鮮では、こちらから案内員におごることはあってもおごられることは滅多にないが、一度だけ案内員におごってもらったことがある。一一年九月末のことだ。聞けば妹が平壌で美容院を経営しているという。同年訪朝した際にお世話になった運転手は、娘が平壌でウサギ料理専門店を経営していた。ピクニックをした時にその娘さんが作ったという「ウサギ鍋」を持ってきてくれたが、これがなかなかおいしかった。

もちろん、地方でも個人商売は盛んだ。一一年に話を聞いたMさんは咸鏡南道・咸州の市場でクッス（冷麺）に使う麺を売って生計を立てていた。当時の話だが、一日二〇〇〇ウォン稼いでいた。国営の事業所で働いても月給は一五〇〇ウォン。しかもそれすらもらえないことが多い。それが麺を売って一日で月給分より多い額を稼げるのだ。人々が国が定めた職場に出勤せず、商売に走るのもうなずける。

地方では自転車が貴重な〝足〟になるから、自転車修理業も盛んだ。

ただ、商売をするには資本金や運転資金が必要なのは当然のことだ。自分で工面できればいいが、できない人はそれをトンジュから借りる。もちろん利息も払う。北韓大学院大学の梁文秀《ヤンムンス》教授の研究によれば、人によって差はあるが月利一〇〜二〇%だったとされる。場[illegible]万ウォンを借りれば毎月一〜二万ウォンを利息として払う（梁文秀著『北朝鮮経済の市

逆にトンジュはますます儲かり金持ちになっていく。

[illegible]りた側はどうか。商売がうまく行けば借金は返せるが、失敗すれば借金を抱える。つまり、[illegible]富が一部のトンジュに集中するわけだ。そうなると貧富の格差が出てくるのは当然の流れだ。そもそも商売など縁のない人が多数を占める。

北朝鮮では、特に金正恩政権期に入ってから、二〇一五年を除き経済はプラス成長を続けてきた（一七年はマイナス成長に転じた）。平壌の中心部には高級タワーマンションが

林立し、娯楽施設や豪華レストランも続々オープンしている。

　不動産の価格が毎年のように上がっているという話は、すでに一一年に訪朝した際に聞いたことがある。平壌では当時四年前の一〇倍に不動産価格が跳ね上がっていた。平壌中心街の中区域だと五〇〇〇ドルの家が一万二〇〇〇ドルで売れるとのことだった。これが地方都市の咸興だと少し安い。家を購入するには二五〇〇〜三〇〇〇ドルが必要とのことだった。「来年になったらもっと上がる」と現地の人々は噂していた。社会主義体制の北朝鮮では、土地は国有だが、アパートの部屋や農家の一戸建の権利を売買することは黙認されているようだった。

　金正恩政権発足後、平壌近郊に新たに作られた新都市では、一定の額を国家に支払えば住宅を新たに建設、リフォームする権利が与えられ、購買者は個人的に自宅を所有し、賃貸することが認められたと、韓国のインターネットニュースサイト「統一ニュース」が一三年四月四日に報じている。これが事実だとすれば、北朝鮮政府が不動産の売買を公的に認めたことになる。以前からひそかに行われてきた不動産売買が政府のお墨付きを得て堂々と行えることになったということだろう。

　後述するように、数十万ウォンの月給を払う企業も増えている。市場価格に見合った賃金を払えない企業は自然淘汰される。経営権を与えられた企業は、優秀な人材をつなぎとめようと、賃金アップや住宅・食糧の保障、福利厚生の充実といった手段を講じている。新興富裕層も台頭している。北朝鮮の経済はもはや厳格な社会主義計画経済ではない。

一般市民に必要な路上商店

「卵買います」と書かれた札を卵ケースの前に置いて、ハルモニ（おばあさん）は手持無沙汰に座っていた。二〇一一年九月に咸鏡南道・咸州の農村地帯を訪れた時のこと。ハルモニは邑《むら》（朝鮮語でウプと読む。北朝鮮の末端の行政単位）随一の地域市場の近くに〝店〟を構えていた。店といっても建物があるわけではない。道端に座って商品を広げて売る。〝キルゴリ（路上）商店〟である。ハルモニは安い値段で購入した卵を転売して利益を得ているのだ。

卵一玉の売値は三五〇ウォンだった。当時、平壌では卵が一玉五〇〇ウォンにまで値上がりしそうな勢いで、「五〇〇ウォンになったら、とてもじゃないけど買えなくなる」と嘆く主婦たちの声を聞いた。平壌に比べれば、地方の方が物価は安いと言えそうだ。

地域市場の近くでは大勢の人が道端に座って思い思いに品物を売っていた。さながら〝キルゴリ商店街〟だ。地域市場での営業許可をもらえない人たちが近くで勝手に商売をしているのだ。

自宅前でカバンを広げタバコや飴、ガム、パンなどを売っている光景も目にした。地元の人に聞くと、市場にまで行けない人が利用するらしい。地域市場が自宅から遠い場合、こういった〝手段〟を利用する。価格は市場より少し高めだ。よく見ると、一軒だけでなく、〝カバン商店〟はあちらこちらにあった。

北朝鮮には公式な「私企業」は存在しない。ただし、このように個人で細々と商売する非公式な個人事業主は存在する。上記以外にも、バスや電車のチケットとタバコを交換する行為、家庭で作る冷麺やすしなどを宅配で販売する行為などもあると現地で聞いた。平壌の公園では自転車修理をしているハラボジ（おじいさん）を見かけた。これらも一種の「私企業」と考えてよいだろう。

一一年当時、地元の人に聞いたところでは、当局はこうした個人経営をなくしたいと思っていたというが、いっこうになくならない。一般市民に必要とされているからだ。

北朝鮮の場合、「私企業」が経済の大部分を占めるという話は今のところ聞こえてこない。とはいうものの、非公式な個人経営が存在するのも確かだ。個人経営のような形での「私企業」が今後広がっていけば、北朝鮮でも市場経済化が進んでいくことになるだろう。

中国製品を追い出したいが

店内を回りながら買い物カゴに商品を入れ、最後はレジで精算。日本のスーパーマーケットでは当たり前の光景だ。しかし、北朝鮮でこの光景を目にした時には新鮮な驚きがあった。

平壌にスーパーマーケット「光復地区商業中心」(中朝合弁)がオープンしたのが二〇一二年一月。私が訪れたのは五カ月後の一二年六月一四日だ。内部の撮影は許可されなかったが、店内には結構客が訪れていた。品数が豊富なのにも驚いた。国産の焼酎などは数十種類あった。建物は三階建てで一階が食料品や日用品、二階は家具や電化製品、衣料品が置かれていた。三階は食堂で、この時はまだ建設中だったが、現在は営業中だ。

一般的に、北朝鮮の商店では、買いたい商品を店員に告げると代金が記入されたチケットを渡される。そのチケットを精算窓口に持っていって精算した後、支払い済印を押してもらい、半券を店員に持っていくと初めて商品が渡される仕組みだった。これだけで結構な手間と時間がかかるので非効率的だと感じていた。

ところが、光復地区商業中心の一階では、商品を入れた買い物カゴをレジに持っていき、そこでレジ打ちをしてもらい直接代金を支払うことができる。まさしくスーパーだった。

この日は地方から行政担当者が集団で見学に来ていた。おおかた地方でも普及させろとの指示が出たのだろう。店内を案内されながら、熱心にシステムの説明を受けていた。

同スーパーは金正日総書記が生前最後に視察した場所だとされる。金総書記は一一年一二月一七日に死去したが、ここを訪れたのはその二日前だった。私を案内してくれた女性店員によると、金総書記が滞在したのは午前九時四〇分から同一〇時二〇分までの四〇分足らずで、一階から三階までを見て回った。国産品の品数を増やせというのが至上命令だったという。トイレットペーパーの棚に国産品が陳列されているのを見て金総書記は満足そうだった、と店員は当時を振り返りながら涙ぐんだ。

ところが、私が訪れた際には中国製しか並んでいなかった。ただし、国産品をそろえる努力をしていたのは事実で、パンや菓子類はほぼすべて国産品だった。船興《ソンフン》、銀河水《ウンハス》など国営の食料工場で生産したもので、銀河水食料工場で作られたビスケットなどが棚に並んでいた。北朝鮮国内の人々は国産が好みと見え、銀河水食料工場製のビスケットは店頭に並んでからあっという間に売り切れた。食用油やしょうゆ、焼酎などの棚にも国産品が陳列されていた。

二階では国産の衣料品やバッグ、スポーツウェアなども販売されている。私が訪れた時には「テソン」とハングルのタグがついたスポーツウェアが上下で二万一三〇〇ウォンだった。三〇〇〇ウォンの賃金をもらっている人なら「給料七カ月分」だ。それでも市場価格よりは安い。

同じ頃、統一通り市場では春・秋用のジャンパーとズボンのセットが一〇万ウォンしていた。多少商品の質や種類が異なるとしても、同じようなものが約五分の一で買える。市民はスーパーで購入しようとするだろう。ただし問題は品数だ。需要を満たすだけの品数がそろえばいいが、在庫が切れてしまった場合はどうなるか。最後に行きつくのは地域市場ということになる。ところが、このスーパーは品数も豊富だ。市場価格よりも安く品数も豊富だからか、仕入れに来たと思われる人も少なくなかった。ここで安く仕入れ、市場などで少し高く売るのかもしれない。

同スーパーは、北朝鮮の「朝鮮大城貿易総商社」と中国企業「ピヘモンシン有限公司」との合弁で、前身は九一年に創業した光復百貨店だ。韓国紙「東亜日報」電子版が一二年一月二七日に報じたところによると、持ち分は中国側六五％、北朝鮮側三五％。

「オープン当初は六割が中国製で国産品は四割にとどまっていましたが、割合は逆転しました。いまではわが国の製品が六割を占めています」。店員はそう胸を張った。その後も国産品の割合を増やす努力は続けられたようだ。一五年四月に同スーパーを訪れた北朝鮮経済が専門の文浩一《ムンホイル》氏は、一階の食料品売場、二階の衣料品売場ともに国産品が大半を占めている状況をレポートした（『季刊 朝鮮経済資料』一五年二号）。

北朝鮮がなぜ国産品にこだわるのか。それは中国製品をできるだけ締め出したいからだ。北朝鮮の人々は中国製品が市場や商店を占拠することを決して快く思っていない。「いまやビールは国産品が主流だ。我々はビール市場から中国製品を追い出すのに成功した」。一一年当時、平壌市民が語っていた言葉がよみがえる。もちろん、そうは言っても中国製品が大量に出回っているのも現実だ。それでも北朝鮮の人々には、「いつの日か国産品で市場を満たしてみせる」という〝意地〟があるのかもしれない。

現場に経営権を委譲

「北朝鮮で賃金が大幅にアップしたようだ」

「賃金が高くなった分、勤労者たちの働く意欲も増したという」

二〇一三年頃から、そんな話が訪朝者の間から聞かれるようになった。

たとえば、平壌三二六電線工場では、「一二年八月から段階的に引き上げ一三年五月には前年比二〇～三〇倍になった」と「朝鮮新報」（朝鮮語版・電子版、一三年五月一日付）が報じている。

以前から技術レベル向上に応じて賃金をアップさせるシステムを導入していた同工場で

は、さらなる賃金アップを目指して従業員らが技術の向上に励むようになった。また、平壌にある金カップ体育人総合食料工場では、一六年の賃金が「四五万～六〇万ウォン」(『週刊東洋経済』一六年一一月五日号)だ。一般的な賃金三〇〇〇ウォンの一五〇～二〇〇倍である。

このように賃金が他より格段に高い工場が出てくると、そこに就職したいと思う人が増えるのは自然な流れだ。工場側としては、さらなる生産向上を目指して優秀な人材を確保する必要が出てくる。前述の文浩一氏によれば、金カップ体育人総合食料工場では、応募者に一〇日間の実習期間を設け、その成績に応じて採用の可否を決めるという。同工場の支配人と技師長は、社長自らがヘッドハンティングした人材だ(『季刊朝鮮経済資料』一五年二号)。これまで個人の就職先を「配置」という形で国家が決めていた北朝鮮では考えられなかったことだ。

これらはすべて、「社会主義企業責任管理制」が導入されて以降の現象だという。社会主義企業責任管理制とは、文字通り個々の企業が責任を持って自らの職場を管理していく制度のことだ。同制度に基づいて、企業には計画権や貿易権、人材管理権、価格制定権、販売権など計一二項目の権限が付与された。

同制度は金正恩政権発足当初の一二年から一部の企業や工場で実験的に導入されるよう

になった。その過程で成果があることを実感した政府は、同制度を全国に導入することを決めた。ただ、この時にはまだ制度の名称は確定していなかった。

社会主義企業責任管理制の名称が公式文献に登場したのは、朝鮮労働党中央委員会理論誌『勤労者』一四年九号に掲載されたリ・ヨンミン氏の論文が最初だった。

論文は、同年五月に金正恩第一書記（当時）が新しい経済政策を明らかにした「五・三〇談話」を解説したもので、企業体が経営権を行使することや、企業の実情に沿った経営戦略・企業戦略を立てることが指摘されている。他の生産単位との契約締結、収益の使用、輸出業務などが工場、企業所独自の判断に任されるなど、企業の権限は大幅に拡大した。

一六年五月には三六年ぶりに開催された第七回党大会の事業総括報告で金正恩氏自ら初めて、社会主義企業責任管理制について明言した。党大会は北朝鮮の政権党である朝鮮労働党の最高意思決定機関だ。そのような場で自らが言及し、政権の重要政策と位置づけていることを宣言したわけだ。

北朝鮮当局は否定しているものの、同制度は「経済改革政策」と捉えることが可能だと、私は考えている。経営の根幹に関わるあらゆる権限が企業側に与えられたことが大きい。それまではこうした権限を国家が独占することで計画経済が維持されてきたが、それが企業に委譲されるということは統制経済の根幹が崩れることを意味するからだ。

図2-1　北朝鮮の名目国内総生産（GDP）

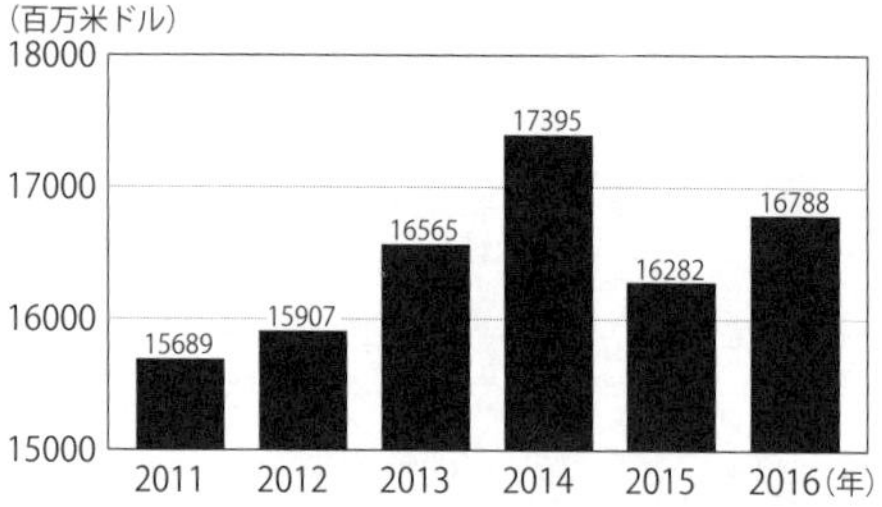

出典：国連統計より筆者作成

北朝鮮政府が社会主義企業責任管理制を導入した目的は、会社独自のやる気を出させるためだ。もはや国が全面的に面倒を見られないためである。いわば、独立採算制だ。さまざまな権限を企業や工場に与えることで、企業が主体的に経営活動をするよう促し、それによって生産を向上させようというわけだ。図２－１は一一～一六年の北朝鮮の名目ＧＤＰを示したものだ。社会主義企業責任管理制との因果関係は不明だが、金正恩政権誕生後、一四年までＧＤＰが上昇し続けていたことは確かだった。一五年は下落したが、一六年は前年比三・一％増だった。ただし、一七年には前年に比べ三・五％減少した。

金正恩は改革派？

「金正恩大将が新しい経済管理体系を研究せよと命じられた」

そんな話を平壌で耳にしたのは一二年六月のことだった。資本主義諸国とつき合っていかなければならないのだから市場経済の良いところは取り入れよ、と指示したとも聞いた。一一年一二月一七日に父親の金正日総書記が急逝すると、すでに後継者に確定していた金正恩氏は同年一二月三〇日に朝鮮人民軍最高司令官に就任した。これを機に北朝鮮は金正恩体制に入った。

朝鮮人民軍最高司令官に就任し、第105戦車師団を視察する金正恩（2012年１月１日、朝鮮中央通信＝共同）

　年が明けた一二年一月一七日、最高人民会議（国会）常任委員会の楊《ヤン》亨燮《ヒョンソプ》副委員長はAP通信平壌市局とのインタビューで、「新しい指導者は中国を含めた外国の経済改革（economic reforms）を見守っている」と発言した。若き指導者は経済改革・開放政策を進めるのではないかと期待された。

　実際、正恩氏が最初に着手したのは経済問題だった。彼は一二年四月六日、朝鮮労働党幹部に対する談話で、人民生活を向上させ経済を立て直すことを最重要課題に掲げた。この談話の直後に正恩氏は朝鮮労働党第一書記（四月一一日）、国防委員会第一委員長（四月一三日）に就任した（現在は朝鮮労働党委員長、国務委員長）。すでに就任していた最高司令官職と合わせ党・国家・軍のトップの座につくことで、名実ともに国の最高指導者の地位にのぼった。その直前の談話で経済の立て直しを最重要課題に掲げたことは、金正恩政権が今後経済政策に重点を置くことを示唆するものだった。

翌一三年三月に開催された朝鮮労働党中央委員会三月全体会議では、核開発と経済建設を同時に推し進める「新並進路線」が発表（一八年四月に勝利〔完了〕を宣言）されたが、同路線の趣旨は、国防建設より経済建設により力を注ぐものだとされた。金正恩政権の政策の柱として核開発と経済建設のいずれも同時並行で進めていく方針を発表した会議の報告で、金第一書記（当時）はもう一つの重要な方針を発表した。その方針が、先述した企業に経営権を与えるというものだった。

進む農業改革

二〇〇八年八月九日に黄海北道嵋谷《ミゴク》協同農場を訪れた時のこと。見慣れない掲示板を目撃し、思わずシャッターを切った。「労力日（労働工数）公示」と書かれた掲示板には、協

農場員の仕事を管理する表（上）と嵋谷協同農場の様子

同農場員の名前の横に何やら細かく数字が記されていた。数字は稼働日数と労力日で、一〇日ごとに各農場の掲示板に公示されることから「一〇日公示」とも呼ばれる。

労力日は、仕事の点数制で決められる。収穫が終わった際の分配量は稼働日数と労力日によって決まるから、実は農民たちにとってはとても重要な数字だ。労力日を決める評価基準は、作業に応じた危険度や熟練必要性に伴う加重値、主観的評価による仕事への誠実度だ。

　北朝鮮の協同農場内にはいくつかの作業班が、さらに作業班内にはいくつかの分組がある。一九六〇年からは国が定める

個人農に近い制度が試みられている。農場内の温室（東洋経済新報社提供）

生産目標量を超過達成した分を作業班に分け与える「作業班優待制」という制度が設けられた。北朝鮮政府としては、農場員の労働意欲を高めることで生産向上につなげたいと考えていたが、思うようにはいかなかった。そのため、六六年からは一定の広さの土地を分組単位で受け持つ「分組管理制」を導入した。

一分組当たりの人数は当初一〇～二五人とされ、九六年一〇月には一時七～八人にする措置が講じられたが、再び一〇～二五人に戻った。私が撮影した「労力日公示」の写真を見ると、〇八年当時、一つの分組の人数は二一～二三人であったことが分かる。ところが『週刊東洋経済』一五年一一月一四日号に掲載された福田恵介記者撮影の写真を見ると、一つの分組の人数は八人となっており、一三〜一五人減っている。このように近年、分組も少人数制になっていた。

協同農場では、国が示す生産計画分の生産量を上納し、土地使用料（平均して生産高の一五％）や国から借り受けた営農物資、肥料の代金、灌漑《かんがい》施設使用料に相当する量を現物で納めることになっている。

さらに、翌年以降の農業用の種子など共同蓄積分は作業班・分組が管理する。肝心の分配は分組を通じて行われる。協同農場ができた頃にはすべて現物分配だったが、七二年からは年間必要食糧二六〇キログラムだけを現物で分配し、残りは現金で支給されるようになった。それが一二年からは再び全量現物支給に戻った。しかも、分配された現物の処分権は個々の農民に与えられた。

分組が少人数になれば、一つの農地を家族や親せきで受け持つことになる。収穫が増えれば、分組の分配量も増える。分組が家族単位であれば、その取り分はまるまる家族で分け合える。そうなればインセンティブも高まる。集団だとサボる者が出てくるが、家族で分け合えるとなれば皆必死で働く。これはほとんど社会主義革命前の個人農である。

同じ頃、「圃田《ほでん》担当責任制」（圃田担当制ともいう）も一部農場で試験的に取り入れられた。同制度は、分組をさらに細分化して個人、または二〜三人で一定の土地を担当するもので、社会主義企業責任管理制の「協同農場版」だ。人数が示すように、一定の土地を個人、または家族で受け持つことになるのが特徴だ。その分「自分の土地」であるとの意識が芽生え、農民個々人の農作業への取り組みも変わってくると見込まれた。農民のインセンティブ向上につながると考えられ、穀物生産量がアップすることも期待できた。

実は金正日政権期にも一部農場で圃田担当制が実験的に導入されたが、改革の後退と現場の幹部たちの消極性によって全国的に広がることはなかった。しかし、金正恩政権期には積極的に導入され、一三年からは全国へと広がった。一四年二月六日には農業分組長大会に宛てた書簡で金第一書記（当時）自ら同制度に言及し〝お墨付き〟を与えた。

図2-2　北朝鮮の穀物生産量（2010〜16年）

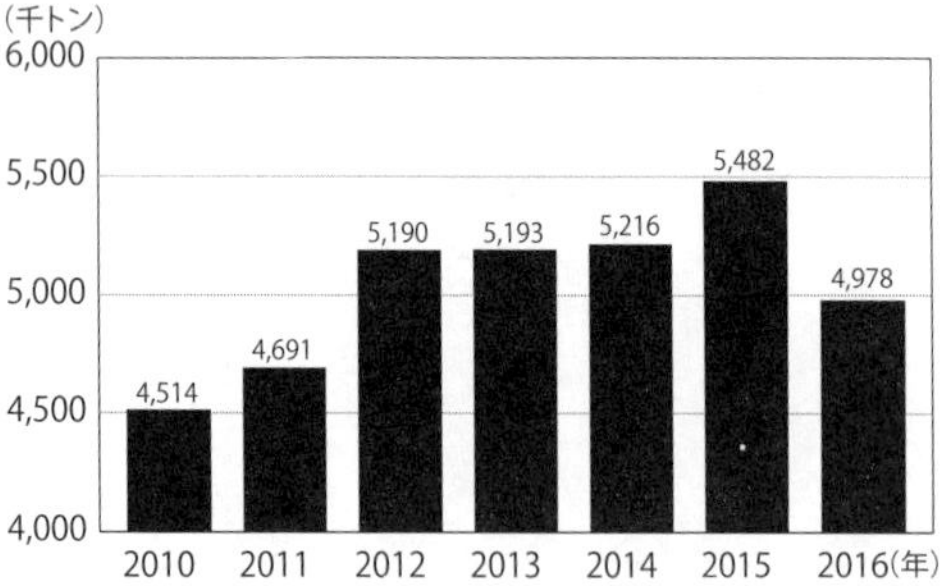

出典：国連食糧農業機関〔FAO〕統計より筆者作成

では圃田担当責任制のもと、実際に穀物の生産量は増えたのだろうか。図2-2は、一〇年から一六年までの北朝鮮における穀物生産量を示したものだ。確かに金正恩政権に入ってから生産量が増えていることが分かる。特に、制度が導入された一二年は、前年の一一年と比較すると大幅に増えている。一一年は四六九万一四一三トンだったが、一二年は五一九万一〇五トンなので、一二年の生産量は前年比約五〇万トン増だ。

もちろん、この結果だけをもって、圃田担当責任制の効果が現れていると見るのは早計だろう。朝鮮社会科学院経済研究所農業経営室の金光男《キムグアンナム》室長は、コメなどの優良品種の作付面積を広げたことなどが穀物増産の要因だと述べており、圃田担当責任制導入との関係については触れていない（『東洋経済オンライン』二〇一四年一一月六日）。

一三年は前年比約三〇〇〇トン増にとどまり、一四年も前年比約二万三〇〇〇トン増と、増加率は高くないからだ。とはいえ、九六年には二六一万トンの最低値を記録して以降、下降と上昇を繰り返してきた穀物の生産量は一二年以来、五〇〇万トン台を維持し安定している（二〇一六年には五〇〇万トンをわずかに下回った）。

このように穀物生産量が安定してきているにもかかわらず、コメの市場価格は一二年七月に五〇〇〇ウォン台を突破して以降、四〇〇〇〜六〇〇〇ウォン台を推移している。圃田担当責任制の施行後、農民の穀物処分権は大幅に緩和された。政府は市場価格に近い形で農民から買い取ろうとしているようだが、市場に流れている可能性が高いと考えられる。黄海南道の協同農場では、一人で二トン強の分配を受けた農民もいた。生産量が多かった農場では携帯電話や家電製品を購入した家庭もあったという（「朝鮮新報」朝鮮語版・電子版、一三年四月一一日付）。

圃田担当責任制は、政権側の政策意図とは逆に、コメの市場価格を押し上げる結果をもたらしているのかもしれない。

社会主義農業政策の崩壊

「（圃田担当責任制は）中国のような請負制度ではない」

朝鮮社会科学院農業経営室の金光男室長は、訪朝した『週刊東洋経済』の福田記者にこう強調し、「米国や中国などでいうところの『個人農業』とはまったく違う」とも述べた（『東洋経済オンライン』二〇一四年一一月六日）。

北朝鮮の学者はこのように否定するが、実態からして圃田担当責任制は中国の農家経営請負制とほぼ同じ仕組みだといってよい。

農家経営請負制は代表的な中国の経済改革政策だ。同制度のもとでは、集団が所有する農地を各農家が分割して個別に請け負う。個々の農家は国家との契約に基づいて一定数量の生産物を上納し、集団への留保を除き残りは全て農家が自由に処分してもよいことになり、自由市場に売っても構わないということになった。限りなく個人農に近づいたといえ

表2-1　農家経営請負制と圃田担当責任制との比較

	農家経営請負制	圃田担当責任制
農地	各農家が分割して個別に請け負う	個人、2〜3人が一定の範囲担当
上納	契約に基づいた生産物	土地利用料、灌漑使用料、肥料代金など
共同蓄積	集団への留保あり	翌年以降の農業用種子など
処分権	各農民 自由市場への販売も許容	各農民 収買糧政省への販売奨励

出典：筆者作成

る。

この請負制は七八年一一月、安徽省鳳陽県小崗村の農民一八人が始めたものだ。小崗村では豊作となり、請負制は成功した。これを機に八〇年からは急速に普及していった。同制度導入は農民の生産意欲を引き出すことに成功し、農産物買付価格も引き上げられたことで、農業生産の飛躍的な増大と農家所得の急上昇をもたらしたとされる（加藤弘之著『中国の経済発展と市場化』）。

また、中国社会主義の象徴として五八年から続いてきた人民公社は八二年の憲法改正で解体が決まり、翌八三年には中国全土で解体された。これによって中国の社会主義農業政策は崩壊した。

表2－1は中国の農家経営請負制と北朝鮮の圃田担当責任制を比較したものだ。請負契約に基づいて各農家が直接取り分を得るという違いはあるものの、ほぼ同じ仕組みであるといえる。

それでも北朝鮮の経済研究者が「請負制度ではない」と強く主張する背景は何なのか。中国では、経営請負制度導入後、まとまった財産の所有主体となった農民がその財産を元手に経営する郷鎮企業が急成長し、その後の改革・開放を牽引した。北朝鮮でも協同農場の末端単位である分組やそこに属する農場員に対する生産物の処分権が拡大したことによって、財産を増やす農場員も現れている。

今のところ、彼らが蓄積した財産を元手に中国のように私企業経営に乗り出しているわけではないが、地域市場で生産物を売買する商行為は確認されており、こうした商行為が企業経営へと発展する可能性もある。そうなれば社会主義農業政策は崩壊する。北朝鮮当局はそのことを恐れているのかもしれない。

経済協力のパートナーは韓国から中国へ

二〇〇九年は北朝鮮が経済協力のパートナーを韓国から中国に変えるターニングポイントとなった年だ。

李明博《イミョンバク》政権発足直後の〇八年七月に金剛山《クムガン》で起きた韓国人観光客射殺事件をきっかけに、南北の経済協力関係は徐々に悪化していったが、逆に中国との経済協力関係は進展していた。

中朝国交樹立（一九四九年一〇月六日）六〇周年を前に、高官の相互訪問が相次ぎ、一〇月には温家宝首相が訪朝して金正日総書記と会談した。その際、金総書記は朝鮮半島の非核化を話し合う六者会談への復帰を示唆。経済技術協力に関する協定、経済援助に関する交換文書などの経済分野の合意書も交わされた。

〇九年末～一〇年初めにかけては北朝鮮で経済特区の再活性化に向けた動きが矢継ぎ早に伝えられた。〇九年一二月一六日に朝鮮中央通信が金正日総書記の羅先《ラソン》市訪問を報じ、同二三日には政府直属機関の合弁投資指導局（二〇一〇年七月八日に委員会に昇格、一四年六月一八日付で対外経済省に吸収）が設立され、一〇年一月四日には羅先市が「特別市」に認定された。

二〇〇〇年代初めから東北地域の開発計画を進めていた中国政府には、羅先地域を北朝鮮と共同で開発するメリットがあった。胡錦濤政権が誕生した〇二年に開かれた共産党第一六回大会では、東北地方の老朽化した工業基地を改変・発展させる方針が決定した。

これに基づき〇三年一〇月の共産党第一六期三中全会では、「東北振興」政策が発表され、〇九年八月には、長春、吉林、図們の三つの地域（それぞれの頭文字を取って「長吉図」と呼称）の開発計画が国家戦略として正式に承認された。内陸にあたる長吉図から東海（日本海）に出られるルートを確保できるかが計画の成否を握っていたことから、計画の推進には羅先地帯の開発が不可欠だった。中国にとって特に重要だったのは、羅津《ラジン》港と清津《チョンジン》港の使用権を北朝鮮から確保することだった。実際、一〇年初めには吉林省琿春の石炭を羅津港経由で上海に送る試験運航が行われた。

北朝鮮政府は、中国政府の「東北振興」政策に連動する形で経済特区の共同開発を目論んだ。そのために金正日総書記は二〇一〇年に二回（五月と八月）、中国を非公式訪問した。〇八年夏に倒れた後、健康のすぐれなかった金総書記が病をおしてハードスケジュールをこなしたのは、経済特区を共同で開発する合意を中国政府から直接取りつける必要があったからだ。

一一年八月に平壌市内で私とのインタビューに応じた洪光男《ホングアンナム》・合弁投資委員会副局長（当時）は、中国との経済特区共同開発・管理の合意が「金正日総書記の訪中によってもたらされた」と述べた。このことからも、金総書記が同事業になみなみならぬ期待を寄せていたことがうかがえる。

羅先経済貿易地帯と黄金坪《ファングムピョン》・威化《イファ》島経済地帯の二つの経済特区を中朝が共同開発・管理することで合意したのは一〇年一二月だった（一一年三月に正式契約）。金総書記は一一年五月にも再訪中した。当初、政府レベルでの投資はあり得ないとしていた中国が立場を変えたのは、金総書記の訪中が背景にあったとの指摘もある（「聯合ニュース」一二年二月

一五日)。

経済特区の共同開発・管理プロジェクトは金正恩政権にも引き継がれた。一二年八月には張成沢《チャンソンテク》・朝鮮労働党部長を団長とする代表団が訪中。羅先経済貿易地帯管理委員会が設立され、同地帯の港・産業区投資に関する基本合意書も調印された。張氏は胡錦濤主席や温家宝首相ら中国の要人とも会見、中国の首脳部からプロジェクトをバックアップするお墨付きを得た。

代表団の訪中直後に羅先現地を訪れた朝鮮新報の李泰鎬《リテホ》記者は、中国の元汀から羅津まで道路が開通し、ロシアのハサン―羅津港間で一二年一〇月から鉄道が開通することや、銀行やショッピングモール、スーパーマーケットも建設中であることを報じた。李記者は、人口二〇万人の羅先市で携帯電話の加入者数が一万八〇〇〇人を超えたことや市民らが「平壌より生活水準は高い」と述べた例などを伝えた(「朝鮮新報」朝鮮語版・電子版、一二年八月三〇日付)。このような報道を見る限り、羅先経済特区の開発は順調に進んでいるようだった。

東端の経済特区、羅先地帯からは、羅先観光と羅先―金剛山船上ツアーの開始(一二年六月)、羅津―元汀道路の開通(一二年一〇月)、羅津―ロシア・ハサンの鉄道開通(一二年一〇月)、さらには羅先国際商品展示会開催(一一年八月と一二年八月)などの動きが伝えられた。だが、西端の黄金坪・威化島の方は新鴨緑江大橋の着工以外に動きは伝わっていなかった。一二年八月には威化島の未開発が明らかにされた。

一三年一二月一二日、世界を震撼させるニュースが平壌から飛び込んできた。金正恩氏の叔父で国防委員会副委員長、朝鮮労働党部長などを務めた張成沢氏が国家転覆罪で死刑判決を受け、即日処刑されたのだ。

張氏は羅先など経済特区の朝中共同開発・管理の実質的な責任者だったことは先述したとおりだ。裁判で朗読された判決文には、張氏の罪状として、石炭などの地下資源を外国に売り渡した点、腹心の借金を返すために一三年五月に羅先経済貿易地帯の土地を五〇年の期限で外国に売り渡した点も含まれていた。「地下資源や土地を売り渡した」対象が中国を指していることは明らかだった。

この罪状が含まれたことで、経済特区の中国との共同開発・管理は当分進展が見込まれないと考えられた。

その後、中朝関係は長らく冷え込んでいたが、二〇一八年三月二五～二八日に金正恩朝鮮労働党委員長が習近平中国国家主席の招きで中国を電撃訪問した。その後も金委員長は五月七～八日に大連、六月一九～二〇日に北京を訪れ、習主席と会談するなど、中朝関係は改善へと進んでいる。金委員長は習主席に経済協力を要請したと報じられており、経済特区の共同開発・管理の再開もいずれ日程に上ってくるだろう。

経済特区は二四カ所もあるが……

あまり知られていないが、現在北朝鮮には経済特区が二四ヵ所ある。しかも、平壌を含めた全道に設置されている（図2-3参照）。金正恩第一書記（当時）の指示によるもので、従来の四ヵ所（羅先経済貿易地帯、黄金坪・威化島経済地帯、開城工業地区、金剛山国際観光特区）以外に、「経済開発区」と呼ばれる地方クラスの特区が新たに設置され、新義州の一部地域も経済特区（中央クラス）に指定された。中央クラスの特区は五ヵ所、地方クラスの特区は一九ヵ所となる。

経済開発区とは、国の特別法である「経済開発区法」に従って経済活動に特恵が保障される特殊経済地帯のことだ。工業開発区、農業開発区、観光開発区、輸出加工区、先端技術開発区などが含まれる。

経済開発区内で特に奨励される投資部門は、インフラ建設、先端科学技術、国際市場で競争力の高い商品を生産する部門などだ。

経済開発区では、北朝鮮の労働力を優先的に採用しなければならず、従業員の最低賃金は北朝鮮の中央特殊経済指導機関が定める。企業間で取引される商品価格、サービス価格、

図2-3　北朝鮮の経済特区

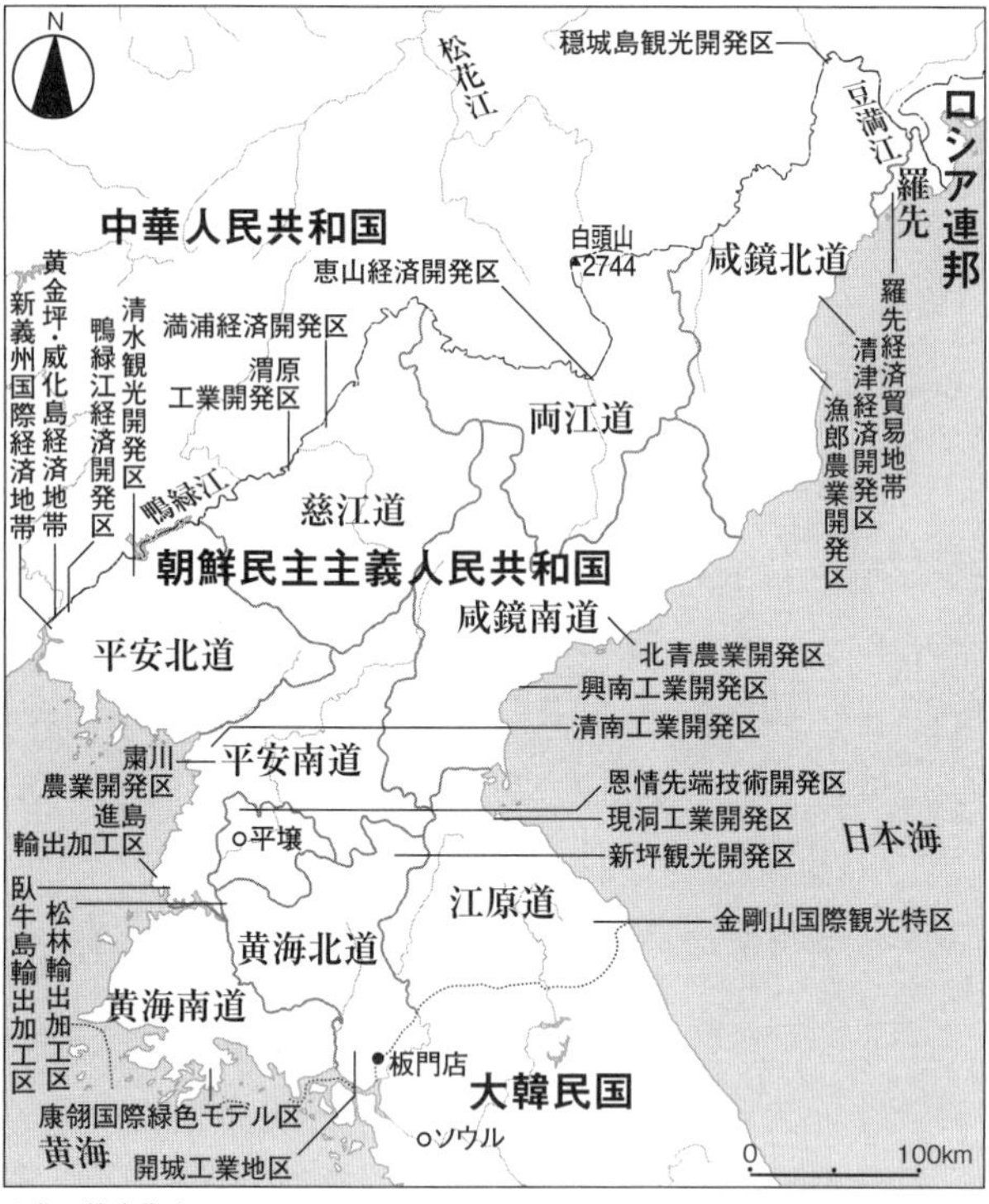

出典：筆者作成

経済開発区内の企業と開発区外の北朝鮮の機関、企業所、団体間で取引される商品価格は国際市場価格にのっとって当事者が協議して定める。これは、国際市場価格をきちんと考慮に入れて価格を制定することを保障したものだ。

しかも、経済開発区内では北朝鮮ウォンだけでなく外貨の流通も認められている。国家経済開発委員会や民間団体の朝鮮経済開発協会も発足した。一四年六月には貿易省と合弁投資委員会、国家経済開発委員会の三つの機関が統合し、貿易と合弁、合作、外国投資の誘致、経済特区の開発事業など対外経済全般を一手に受け持つ対外経済省が誕生した。不動産規定や保険規定などの後続措置も取られていることから、北朝鮮が経済開発区を新たな投資の呼び水として重視していたことは明白だった。

金正恩政権下では観光業も重視されている。南北経済協力の象徴として九八年から続いてきた金剛山観光事業は〇八年七月に起きた韓国人観光客射殺事件をきっかけに全面中断した。〇九年八月には金剛山観光事業を独占していた現代グループの玄貞恩《ヒョンジョンウン》会長と金正日総書記が会談し観光再開で合意したが、その後も中断状態は続いた。二〇一〇年二月には南北当局者が板門店で実務会談を行ったが、決裂した。北朝鮮側はその後も何度か当局者間対話を提案したが実現しなかった。もはや現代との事業継続は不可能だと考えた北朝鮮は同年四月、金剛山観光地区内の韓国側施設・財産を没収し、地区内に滞在していた韓国人を追放した。

北朝鮮当局は一一年四月に現代峨山《アサン》の金剛山観光特区の独占事業権を取り消し、翌五月に金剛山国際観光特区法を採択した。金剛山観光地区は金剛山国際観光特区と改称され、諸外国からの投資が可能になった。

一一年一一月には中国を通じた観光が始まり、三年後の一四年六月には元山―金剛山国際観光地帯が設立した。年間一〇〇万人以上の観光客誘致を目指し、各国の企業関係者らを招いて現地で投資説明会を開くなど、観光客誘致に力を入れていた。観光を外貨獲得手段の中心に据えるとともに、観光地区開発への諸外国の投資を促したかったのだろう。現代峨山との間で金剛山観光地区事業を成功させた経験があるからだ。

金日成政権期には羅先（当時は羅津―先鋒）一ヵ所にとどまっていた経済特区は、金正日政権期には四ヵ所（羅先、黄金坪・威化島、開城、金剛山）に増え、前述のように金正恩政権下では六倍の二四ヵ所と大幅に増加した。

図2－3を見れば分かるように、祖父と父の時代に設けられた四つの特区は北朝鮮の四隅に位置しており、他の地域からは隔離されていた。羅先市は元々暮らす住民以外の出入りが統制され、いまは閉鎖されている開城工業地区はここで働く労働者以外の出入りが禁止されていた。金剛山でも観光客の行動は統制されており、現地住民と韓国人との接触は

禁じられていた。黄金坪・威化島は開発すら進んでいない。理由は、経済特区内の企業が、社会主義市場経済を導入している中国や市場経済国の韓国などから進出しているからだ。

だが、金正恩政権に入ってからはその構図が崩れた。経済開発区を全道に設けたということは、海外などからの企業進出が全国に広がることを意味する。もちろん、経済開発区の創設には、「住民地域とある程度離れた地域」（経済開発区法第一一条三項）という条件が含まれるので、地方当局は一般市民の生活区域から極力離れた地域に特区を設置しようと努めるだろう。

だが一方で、従業員は基本的に現地の人を雇うことになっている（同法第四一条）から、北朝鮮政府がいくら統制しようとしても、経済開発区に進出した企業のノウハウが、従業員を通して拡散していくことになる。市場経済のノウハウが一般市民の社会に拡散していくことは十分に予想される。

ただし、北朝鮮による六回目の核実験を受けて一七年九月一一日に採択された国連安保理決議（第二三七五号）では、北朝鮮の団体・個人との間で新規・既存の合弁企業・共同事業体の開設、維持・運営を禁止することを決定した。この制裁がある以上、進出したい企業があっても、なかなか難しいのが現状だ。

一八年六月一二日にシンガポールで史上初の米朝首脳会談が行われた。トランプ米大統領と金正恩朝鮮労働党委員長が署名した共同声明には、米国と北朝鮮が新たな関係を構築することが盛り込まれた。同時に北朝鮮が朝鮮半島の完全非核化のため努力することがうたわれた。新たな関係の構築とは、国交正常化も視野に入れた関係改善を示すものと思われる。

その過程で、経済制裁の解除も日程に上るはずだ。ただし、そのためには朝鮮半島の完全非核化が前提条件になる。これにはもちろん、北朝鮮の核放棄も含まれるが、北朝鮮が考えるのは、米軍核の搬入中止も含めた「完全なる」非核化だ。

労働力は貴重な外貨獲得手段

「対外奉仕取引」。二〇一一年九月に朝鮮社会科学院経済研究所の黄《ファン》漢旭《ハンウク》教授からレクチャーを受けていた際、彼の口から聞きなれない言葉が飛び出した。〝奉仕取引〟とは、つまりはサービスのことだ。海外に労働力を提供するという狭い意味と、輸送や観光などのサービス全般を指す広い意味があるという。特に労働者を海外に派遣し建設労働に従事させることを「対外建設奉仕取引」と言うそうだ。

黄教授によれば、北朝鮮が初めて建設労働者を派遣したのは七七年五月、リビアに向けてだった。石油輸出国のオイルマネーを見越して、金日成主席自ら発議した。その後、中東諸国、アフリカ諸国、ロシア極東へと労働者派遣は拡大した。私がレクチャーを受けたこの一一年にはロシアやポーランドに労働者を派遣しているとのことだった。

北朝鮮が労働者派遣に力を入れるのは、「まとまった外貨が手に入る有利な取引対象。道路、鉄道、工場、住宅など対象の規模が大きいので、いったん取引が成立すれば莫大な外貨を稼げる」（黄教授）からだ。労働者派遣について、北朝鮮の研究者から直接見解を聞いたのは初めてだった。

北朝鮮が労働者を派遣している国の数は十余国から約四〇カ国まで諸説あるが、米国務省が一六年八月末に連邦議会に提出した報告書によれば、中国やロシア、カンボジア、ベトナム、ポーランド、マルタ、アラブ首長国連邦、クウェートなど二三カ国に及ぶ（「毎日新聞」一六年一二月三日付）。

朝鮮社会科学院の黄漢旭教授

これは黄教授の説明とも一致しており、米国務省の報告は実数に近いものと思われる。人数も一六年九月現在で、五万人（人権団体「国境なき人権（Human Rights Without Frontiers, HRWF）」のウィリー・フォートレ代表）から一一～一二万人（韓国・統一研究院北朝鮮人権研究センターのオ・ギョンソプ副センター長）まで開きがあるが、北朝鮮政府が統計を発表していないので、実際の数字を把握するのは難しい。

労働者派遣によって北朝鮮政府が得る収益額にも諸説ある。たとえば、北朝鮮戦略センター・コリア政策研究院は年間送金額を一億五〇〇〇万～二億三〇〇〇万ドル（「東亜日報」電子版、一六年九月二〇日付）、「国境なき人権」は年間一二億～二三億ドル（「聯合ニュース」一六年九月二三日）などと推算する。「毎日新聞」（一六年一二月三日付）は過去五年で送金総額三億ドルとの推定値を報じた。これも、北朝鮮政府が実際の収益額を明らかにしたわけではないので、正確な数字は分からない。

ただ、黄教授も語っているように「まとまった外貨が手に入る」手段であることは確かだ。このうちどれだけの額が実際に労働者の手に渡るのかも明らかではない。とはいえ、北朝鮮政府が全て搾取しているわけではないことも確かだ。「本人に与えられる分と国に納付する分がある」と黄教授は語っていた。実際、一〇年九月に訪朝した際、「外国に出稼ぎに行って五～六〇〇〇ドル稼いで帰ってきて家を購入する人がいるらしい」という話を現地の人から聞いた。噂の類なので真偽は定かではないが、労働者が海外で稼いだ金が全て国家に搾取されるわけではないことは確かなようである。

北朝鮮当局にとって労働者派遣は「諸刃《もろは》の剣」だ。貴重な外貨獲得手段ではあるが、一方では彼らを通して諸外国の事情や市場経済的管理方法が国内に入ってくる〝リスク〟も考えられるからだ。もちろん、海外に派遣される労働者は隔離され監視される。とはいっても、入ってくる情報を全て遮断できるわけではない。たとえそうした〝リスク〟があったとしても、外貨獲得という利益を優先する「実利」を追求しているといえそうだ。

北朝鮮にとっては貴重な外貨獲得手段となってきた労働者派遣に国連のメスが入ったのは一六年一一月三〇日だ。国連安全保障理事会は制裁決議（第二三二一号）で初めてこの問題に踏み込んだ。同年九月九日の五度目の核実験を受けたもので、決議には「北朝鮮の労働者を滞在させている国に対して、北朝鮮労働者の賃金が北朝鮮政権の禁止された計画に使われていないことを確認するための手段を講じることを要求する」という文章が盛り込まれた。

ただし、これは制裁を義務づけるものではなかった。北朝鮮労働者を最も多く受け入れている中国の反対で見送られたとされる（「毎日新聞」一六年一二月三日付）が、米国は同年一二月二日、海外に労働者や技術者を派遣する四つの会社を制裁対象とする独自制裁に踏み切った。同じ日、韓国政府も海外労働者を派遣する団体や個人を含めた三五団体、三六人を独自制裁の対象に加えた。

さらに、一七年九月の制裁決議では、国連安保理が許可する場合を除き、北朝鮮の労働者派遣は原則禁止された（表2－2参照）。同年一一月のＩＣＢＭ（大陸間弾道ミサイル）

表2-2　北朝鮮の核・ミサイル実験と国連安保理の対応（1993～2017年）

年	月	北朝鮮の核・ミサイル実験	国連安保理の対応	決議・制裁の主な内容
1993	5月	中距離弾道ミサイル「ノドン」発射実験	決議第825号（11日） ※ミサイル関連ではない	NPT脱退受け再考促す
1998	8月	中距離弾道ミサイル「テポドン1号」発射実験（31日）		
	9月		報道声明（15日）	
2006	7月	ICBM「テポドン2号」含む7発の中・短距離ミサイル実験（5日）	決議第1695号（15日）	ミサイルまたはミサイルに関連する品目、資材、物品、技術、資金の北朝鮮への移転禁止
	10月	第1回核実験（9日）	議長声明（6日） 決議第1718号（14日）	3つの分野で北朝鮮への供給や販売、移転禁止
2009	4月	「テポドン2号」改良型とみられる弾道ミサイル発射実験。日本上空通過（5日）	議長声明（13日）	
	5月	第2回核実験（25日）		
	6月		決議第1874号（12日）	1718号の1つ目の分野で、すべての武器と関連物資の提供、製造、維持または使用に関する金融取引、技術訓練、助言、サービスや援助禁止／北朝鮮に対する供給や販売、移転に限って、小型武器とその関連物資は認められる

	7月	短距離弾道ミサイルなど7発発射（4日）		
2010	6月		決議第1928号（7日）	効率的に制裁を実施するための措置
2012	4月	長距離弾道ミサイル「銀河3号」発射実験（13日）	議長声明（16日）	
	12月	長距離弾道ミサイル「銀河3号」2号機発射実験（12日）		
2013	1月		決議第2087号（22日）	弾道ミサイル実験を非難
	2月	第3回核実験（12日）		
	3月		決議第2094号（7日）	核・弾道ミサイル開発関連と疑われる北朝鮮の金融取引禁止
2016	1月	第4回核実験。「初の水爆実験に成功」（6日）		
	2月	人工衛星「光明星4号」発射（7日）		
	3月	弾道ミサイル2発、東海上に発射（17日）	決議第2270号（2日）	外貨収入を制限。石炭、鉄・鉄鉱石、金、チタン鉱石、バナジウム鉱石、レアアースの北朝鮮からの調達禁止
	4月	潜水艦発射弾道ミサイル（SLBM）発射		
	6月	中距離弾道ミサイル2発発射（22日）	報道声明（23日）	

	8月		報道声明（26日）。「追加的重大措置」予告	
	9月	準中距離弾道ミサイル3発を海上に発射（5日） 第5回核実験（9日）	報道声明（6日） 報道声明（9日）。新たな対北制裁措置予告	
	10月		報道声明（17日）	
	11月		決議第2321号（30日）	外貨収入制限措置の強化。銅やニッケル、銀、亜鉛を調達禁止品目に追加／石炭は金額と重量に上限／銅像などの像の調達禁止／労働力輸出への監視要請など
2017	2月	中距離弾道ミサイル「北極星2号」発射（12日）	報道声明（13日）	
	3月		報道声明（7日、23日）	
	4月		報道声明（6日、20日）	
	5月	中距離弾道ミサイル「火星12型」発射（14日）	報道声明（15日、22日）	
	7月	ICBM「火星14型」発射（4日） ICBM「火星14型」発射（28日）		
	8月	中距離弾道ミサイル「火星12型」発射（29日）	決議2371号（5日） 議長声明（29日）	石炭、鉄・鉄鉱石、鉛・鉛鉱石、海産物などの輸出封鎖／北朝鮮労働者の国外雇用制限など

9月	第6回核実験（3日）中距離弾道ミサイル「火星12型」発射（15日）	決議第2375号（11日）	原油・石油精製品の対北輸出上限設定／北の繊維製品輸出禁止／北の労働者派遣は安保理の承認必要
11月	ICBM「火星15型」発射（29日）		
12月		決議第2397号（22日）	石油精製品輸出を年間50万バレルに制限／海外出稼ぎ労働者の24カ月以内の本国送還

出典：国際連合広報センターホームページ http://www.unic.or.jp/info/un/un_organization/sc/ 外務省ホームページ https://www.mofa.go.jp/mofaj/［2017年11月18日アクセス］、宮本悟（2017）を参照し筆者作成

発射実験を受けた制裁決議では、海外出稼ぎ労働者の二四カ月以内の本国送還を求めた。米国の草案は一二カ月以内となっていたが、直前に二四カ月以内に変更された。

「冬季漁獲戦闘」と漂流船

北朝鮮では大衆に経済建設を呼びかける際、「戦闘《チョントウ》」という言葉がよく使われる。たとえば、農業部門では「草刈り戦闘」、「秋の取り入れ戦闘」などだ。「一五〇日戦闘」、「二〇〇日戦闘」という言葉もよく聞かれる。これは国が定めた経済目標を達成するために一定期間総動員をかける際の呼び名だ。党大会などを前に、成果を出す目的で日程が組まれ

ることが多い。とにかく「〜戦闘」が好きなのだ。総動員期間には、屋外に遊びに行くとなどご法度だ。公に飲酒する人も見かけない。

二〇一二年初夏に訪朝した際、総動員期間にピクニックをしたことがある。車で目的地に向かっていたところ、労働者に通行を阻まれた。「いまは総動員期間だ。遊びに行くなんて何を考えているんだ」。労働者は怒りのこもった口調で語った。結局、私が海外から来たことで許されたが、確かに労働者の言ったことが正しい。私は申し訳ない気持ちが先に立ち、ピクニックを楽しむことなどできなかった。

「戦闘」は陸だけでなく海でも行われる。「東海漁場で本格的な冬季漁獲戦闘が始まった」。こんな文句で始まる社説が「労働新聞」(一七年一一月七日付)に掲載された。「大小の船を総動員して」「漁獲戦闘に王手をかけよ」と発破《はっぱ》をかける。「冬季漁獲は年間の水産物生産でカギを握る重要な戦闘」とも社説は主張した。同二四日付には漁船に同乗した記者のルポも掲載された。

そうしたなか、漂流していた北朝鮮の船が秋田県や北海道で相次いで発見された。秋田県で漂着した木造船に乗っていて保護された八人の乗組員は中国経由で帰国したが、北海道松前町沖に着岸した木造船の場合、乗組員一〇人のうち船長ら三人が、松前小島に一時避難した際に島の避難小屋にあった発電機を盗んだとして、窃盗容疑で逮捕、送検された。

高層住宅の建設に動員された労働者たち（2011年9月）

船に付いていたプレートに「朝鮮人民軍第八五四軍部隊」と記されていたことから、「工作員」などの憶測を呼んだが、「取り締まりを受けにくい軍や警察機関に登録し、船名に記載するケースが多い」（「朝日新聞」一七年一二月一三日付）という。

また、前述の「労働新聞」社説は、「人民軍の漁労戦士らの闘争気概で決死戦を」などと呼びかけており、朝鮮人民軍兵士らが直接漁獲に乗り出していることも考えられる。北朝鮮で軍の兵士らは住宅などの建設現場や農村での田植えなど、あらゆる経済建設の現場に駆り出されるのが常だ。漁に駆り出されたとしても不思議ではない。一般の漁師が軍の命令を受け、ノルマを達成するために危険を冒す場合も考えられる。実際、ソウルで北海道新聞記者の取材に応じた脱北者は、「一般の国民が軍の下請けとして漁船に乗っている」と証言している（「北海道新聞」一七年一二月七日付朝刊）。

松前町沖に着岸した木造船の乗務員は、一七年九月に清津港《チョンジン》（咸鏡北道）を出港して日本海でイカ漁をしていたが、約一カ月前にかじが故障し、荒天のため松前小島に避難したという（「朝日新聞」電子版、一七年一二月九日付）。真相はこういったところだろう。

日本海（朝鮮東海）側の各地で北朝鮮の漁船と思われる木造船が漂流・漂着した例は今回が初めてではない。一一年が五七件、一二年が四七件、一三年が八〇件、一四年が六五件、一五年が四五件、一六年が六六件だ。一七年は一〇四件と過去最多を記録した。北朝鮮では一二年頃から経営権が各企業に委譲された。協同農場では国家に収めたもの以外の取り分は農民に現物で支給される。漁業分野でも同じようなシステムが導入されているとすれば、漁民たちが取り分を増やすために、危険を冒してでも遠洋にまで漁に出ていることは容易に想像できる。

第三章　北朝鮮の人々

取材の成否を握る案内員

「私が望んでいるのはこんな幹部の奥さんじゃない。ごく平均的な女性の生活が知りたいんです！」

二〇〇三年の平壌特派員時代、私は「働く既婚女性の一日を追う」という企画を考えた。それに見合った女性を探してほしいと朝鮮新報専属の男性案内員のKさんに頼んだところ、取材候補として出してきたのは党幹部の奥さん。北朝鮮ではどこへ行くにも案内員が同行する。日本人など外国人の場合、外務省や国際観光旅行社の通訳兼ガイドがつくが、海外同胞の場合には海外同胞事業局（前身は僑胞総局、海外同胞迎接局）から派遣される。

「こんな恵まれた人を取材して記事を書いたところで、日本では『やらせ』だと言われるのがおちだ。他の候補を探してください」

私はそう言って、取材を拒否した。

Kさんも負けてはいなかった。

「恵まれていようが彼女も平凡な既婚女性の一人だ。なぜ彼女ではいけないのか」

そもそも、なぜ一般女性の一日を取材しなければならないのか。彼にはそれが理解できなかったようだ。このことがきっかけで、私はKさんと一週間ほど口をきかなかった。北朝鮮では案内員がコーディネートをしなければ取材自体ができなくなる。それでも仕方がないと思った。ここで妥協したら、これからも彼のペースで取材対象が決められてしまう。ただ、彼がそのような女性を候補とする気持ちも理解できないではなかった。北朝鮮の社会主義体制で生まれ育った案内員と資本主義の日本で育った朝鮮新報の記者とでは発想がまるで違うのは当然だった。私なりに企画の意図を説明し、一所懸命に説明して理解を求めたが、理解したのかどうかはよく分からなかった。

結局、この企画はひとまずボツになった。大げんかをしたKさんとはその後、一緒に酒を飲んで仲直りをした。けんかをしたことで逆に仲が深まり、その後は本音で話し合えるようになった。彼も日本の事情などを理解して、それに見合った取材対象を探そうと努力してくれるようになった。

一カ月あまりたった頃。「働く既婚女性を取材しに行きましょう」とKさんが突然言ってきた。私の方はすっかり忘れていたのに、彼は粘り強く取材対象を探していてくれたのだ。「お望みの女性を探しましたよ」と自慢する彼について行ったのがリ・チュナさん（三九歳）の住むアパートだった。まさしく私が望んでいた女性だ。託児所の保育士で、夫はIT関連の仕事をしており、中学生の娘が一人いた。リさんは当初、取材を断り続けたという。だが、Kさんと平壌市の関係者が何度も頼むので応じたそうだ。

取材はとてもうまく行った。一家と朝食を共にした際には私が作った卵焼きも食卓に上った。日本から来た記者が取材するためだろう。食材は思ったより豊富にそろっていたし、油も調味料もタップリ準備されていた。リさんの仕事先にも同行し、同僚からも人となりを聞いた。夕飯は、私たちが持参したナマズで鍋料理を作った。一日行動を共にしたことでリさんとはすっかり打ち解けた。夕食時には給料や普段の生活ぶりなどもいろいろ尋ね、ルポ記事にした。記事は評判を呼び、『小さな本』という韓国の雑誌にも転載された。

北朝鮮では、工場や企業所、商店などを見学する際には案内員に頼むとコーディネートしてくれる。取材のコーディネートを任される朝鮮新報平壌支局の案内員は一定期間、同じ人に固定されていた。

地方を含む親族の家を訪問する際にも案内員が行き先まで同行するが、家族とのだんらんを邪魔するわけではない。日本では案内員＝監視役と見る向きがある。もちろんそういった側面があるのも確かだが、四六時中付きまとっているわけではない。

また、女性には必ず女性案内員が付くというわけではなく、男性が付くこともある。案内員との相性が悪いと最悪だ。長期滞在の際などは案内員や運転手とのコミュニケーションが何より大切だ。だから、できるだけ彼らに気持ちよく仕事をしてもらえるよう、こちらも気を使う。彼らと意思疎通が図れなければ、仕事ができなくなってしまうからだ。案内員は外国からの訪問者と北朝鮮をつなぐ〝架け橋〟のようなものだ。

運転手と案内員の壁

案内員と共に、なくてはならない存在なのが運転手だ。学生など団体客にはバスがあてがわれるが、個人には乗用車が提供される。もちろんタダではない。ガソリン代などは負担しなければならないし、案内員と運転手にはチップを渡す。チップを渡すのは強制ではないが、私が頻繁に訪朝していた二〇一〇年代初めには、「ごくろうさま」の意味で渡すのがなかば慣例になっていた。

運転手は日本車やベンツなどマイカーを持っている。とは言っても、自家用車の意味ではない。国から与えられる車を管理しているのだ。そのため、運転手が変わると車も変わる。

北朝鮮に長く滞在すればするほど、案内員や運転手と仲良くなる。というか、四六時中一緒にいるから仲良くならざるを得ない。前項でも述べたように、案内員がコーディネートしてくれなければ、北朝鮮での行動はストップしてしまう。単なる観光ならまだしも、私のように学術調査で成果を得るという目的を達成するには、案内員に意図をきちんと知ってもらう必要がある。これが結構至難の業《わざ》だ。なにしろ住んでいる体制が違うから、こちらが市場や商店、工場や農村などの現地調査が必要だと言っても、「なんでそんなことが論文に必要なんだ。そんな論文など読んだことない」という話になる。確かに、北朝鮮でそのような論文は見たことがない。だから、日本の事情などを説明し、分かってもらわなければならない。

逆に、北朝鮮の人々の思考を知ることも重要だ。一方的にこちら側の言い分ばかりを主張しても、話は前に進まない。そんな時、案内員より運転手に聞く方が気さくに話してくれる。

「朝鮮新報」の平壌特派員時代にも、運転手たちと話をするのがとても楽しかった。平壌支局の場合、案内員と同様、運転手も固定され同じ人が担当するので、「新報」の仕事をよく知っている。だから的確なアドバイスをくれることも少なくない。実は運転手と案内員には見えない壁がある。同じ公務員なのに、案内員が運転手をやや下に見ているからだ。おそらく、自分たちは知的な仕事に従事している事務員、運転手は肉体労働者だという認識からだろう。

だから、運転手は案内員の前では口出しはせず、あとでそっとアドバイスをくれることが多かった。そのアドバイスが、時には案内員より的を射ていることがあり驚いたものだ。運転手たちはよく見ているのだ。そして、彼らの強みは故障した車を自力で修理する技術があることだ。軍隊に服務している時に身につけるという。北朝鮮では（特に地方では）、車の修理工場を見つけるのは至難の業だ。だから運転手たちはちょっとした故障なら自分で修理してしまう。あわてず騒がず、落ち着いた姿で黙々と修理をする彼らの姿にいつも感心したものだ。

移動の自由

「公民は居住、旅行の自由を有する」。一九九八年に改正された憲法では、住民の移動の自由を認める条項（第七五条）が新設された。かつての北朝鮮では移動の自由はなく、たとえ国内だろうと、居住地域以外の地域へ行くには、必ず役所の許可を得る必要があった。

ところが、九〇年代半ばに経済状況が悪化し食糧供給制度が崩壊すると、人々は食料を求めて各地を歩き回るようになった。いちいち許可を得て移動していたら飢え死にしてしまう。「居住・旅行の自由」の規定は、そうした現状を追認したものともいえた。この規定は、「モノ」の流通をもたらす「ヒト」の移動を保障する側面もあった。商品を持った商売人が移動することで市場経済的要素が拡散するのにも一役買ったといえよう。

それでも、平壌は別格だった。二〇〇三年に「朝鮮新報」の平壌特派員をしていた当時、平壌から地方に移動するのはそれほど難しくなかったが、平壌に戻る際にはいくつか検問を通らねばならなかった。

北朝鮮の人々は全員身分証明書を持っているが、私のような海外僑胞や外国人にはそれがない。北朝鮮に滞在している最中、身分証明書となるパスポートや再入国許可証は案内員に預けることになっていた。身分証明書がなくても普段移動するのに困ったことはなかったが、一度だけ検問にひっかかったことがある。金剛山に向かう途中だった。いつものように運転手と案内員が身分証を見せ、通過しようとした時のこと。歩哨《ほしょう》の兵士が「後ろの女性の証明書は?」と尋ねてきたのだ。私は案内員に任せて黙っていた。案内員は兵士と数分ほど話し込んでいたが、結果的には通してもらえた。後で聞いたところ、「証明書がなければあの女性の身分をどうやって証明するのだ」と詰問されたそうだ。「確かにそのとおりだ」と思った。

検問に立つ兵士は海外僑胞がパスポートを持たずに移動することを知っている。海外僑胞は同族でも現地の人とは身なりや雰囲気が異なるので、基本的にはすんなり通してくれる。おそらく私に証明書を要求した兵士は新米だったのかもしれない。海外僑胞の存在を知らず、身分のはっきりしない人間を通してはいけないと思ったのだろう。彼は任務に忠実だっただけだから、逆にほめられてしかるべきだ。金剛山で検問が厳しかったのは、南北の軍事境界線付近であることも関係していると思う。この一件で、北朝鮮の検問の厳しさも身をもって体験した。

社会の変化表す女性のファッション

「そこのパジ（ズボン）穿《は》いた人！」

平壌の裏通りを歩いていたら、民族衣装のチマ・チョゴリを着たハルモニ（おばあさん）に大声で呼び止められた。私が聞こえないふりをして通り過ぎようとするのに何度も叫んでいる。「やばい」と思い一目散に走って逃げた。二〇〇八年夏のことだ。

ハルモニは〝キュチャルデ〟の一員だった。確認したわけではないが、キュチャルデの〝キュ〟は規則の規、〝チャル〟は査察・観察の察、〝デ〟は隊のことではないかと思う。要するに規則違反をしている人がいないか、街中で見張っている人たちだ。服装や髪型などを注意することが多い。ハルモニだけでなく、大学生や中学生のキュチャルデもいる。中学生のキュチャルデは授業をさぼって遊んでいる生徒や服装の乱れを注意することもあるという。市民が市民を「監視」するシステムが確立されているともいえる。

横断歩道を無視するなどの交通違反をした人は「有線テレビ」に映像が流れる。映像をぼかしたり目を隠して人物を特定できなくするなどの配慮は全くない。それどころか居住区域や名前まで出されてしまう。撮られた本人は恥をかくだけでなく、反省文も書かされ、職場の上司からはお叱りを受ける。散々な目に合うから二度と違反をしないようになると地元の人たちは言っていた。

〇八年当時、平壌では女性のパンツルックは禁止されていた。だから私も注意された。ところが、二年後の一〇年に訪朝した際には、街はパンツルックの女性で溢れていた。解禁になったのだろう。

とはいえ、スキニーパンツのようなフィットしたものやジーンズは原則禁止である。

ピアスをした女性店員

街を歩く女性たちのファッションも多様化した

タンクトップなど〝刺激的〟な服装も禁止だ。ヘアカラーもダメとのことだった。それでも昔に比べておしゃれな女性は格段に増えた。ピアスをした若い女性もしょっちゅう見かけたし、空港では生足にサンダル、ペディキュアをしている大学生ぐらいの女性を見かけた。髪型も一律ではなく、ロングやショートなど思い思いのスタイルを楽しんでいた。昔は同じような髪型が多かったが、今は自由に選択できるのだろう。ファッションの最新情報は中国から入ることが多いとのことだった。

一〇年九月には平壌の金日成広場近くで奇妙な格好をした女性の軍団を見かけた。夜会などの練習をしている若い女性たちは、一様に帽子をかぶり、顔は覆面、暑いのに長袖シャツを着ていた。「どうしてそんな格好をしているの?」と聞くと、「日焼けしたくないから」。

美容やおしゃれに気を使う女性が増えてきたということは、それだけ社会全般に余裕が出てきたことを表しているのではないかと思う。もちろん、まだ平壌や大都市に限ったことだが。

北朝鮮の人たちも「タイタニック」を見た

「ああ、ローズがジャックと初めて出会う場面ですね」

二〇一〇年九月、平壌市内の「三大革命展示館」を見学した際、美貌のイベントコンパニオンの女性からこんな発言が飛び出した。ジャックとローズはレオナルド・ディカプリオとケイト・ウィンスレットが演じた映画「タイタニック」の主人公たちだ。三大革命展示館とは、北朝鮮がこれまで工業、農業分野で収めた成果物を誇示する場所だ。

トラクターや鉄道などの実物も展示されている重工業館に立ち寄った時のこと。展示物のスクリューを見ながら、私は「タイタニックのものかしら?」と冗談半分でつぶやいた。すると、コンパニオンはすかさず冒頭のように切り返したのだ。

彼女は外交官の両親と共に長い間アフリカで生活したという。フランス語に堪能で、世界の事情にも精通していた。映画の「タイタニック」も外国で見たのかもしれない。ただ、「タイタニック」の映画が北朝鮮でも一般庶民の間で見られていたことは、〇三年に平壌特派員をしていた当時知っていた。朝鮮語字幕付き「タイタニック」のDVDを貸してくれるという友人がいたからだ。何らかの理由で見ることはかなわなかったが、一般の人々が見ている、もしくは知っていることだけは確認できた。

北朝鮮には娯楽が少ない。休日には川辺や公園で、家族や友人、職場の同僚らとピクニックをする程度だ。それでも一〇年に訪朝した際には夜間営業の遊園地ができていて驚いた。午後八時頃に行ったら大勢の人で賑わっていた。もちろん、それまでも遊園地はあっ

遊園地内にはファーストフード店も（2010年8月）

たが、ここのアトラクションはほとんどが絶叫マシーンだ。設備はすべてイタリアから輸入したそうだ。

　北朝鮮らしいと思ったのは、女性がアトラクションに乗る際にスカートを穿くのを禁じられていたことだ。下着が見えたら見苦しいというのが理由だが、確かに園内には颯爽《さっそう》とパンツルックで闊歩する女性たちの姿が目立った。一説によると、遊園地の新築は金正恩党委員長のアイディアだという。確かに、一〇年に金委員長が公に登場した頃から、イルカショーが見られるイルカ水族館やプール、遊園地などの娯楽施設が増えた。

　遊園地内にはハンバーガーショップがあった。ハンバーガー、フライドポテト、飲み物が入ったセットメニューは四五〇ウォン（約〇・三ドル）だった。案内してくれた遊園地の職員と二人分のコーラを購入した。一杯〇・七ドルだから二杯で一・四ドルだ。二ドル払ったら、お釣りは北朝鮮のお金で八〇〇ウォンだった。

北朝鮮でものを買ったりレストランなどで食事をすると、おカネの計算の速さにはいつも驚かされる。全般的に外貨が不足しているせいか、ユーロで払っても必ずしもユーロでお釣りをくれるわけではなく、ドルや中国元、時には北朝鮮ウォンでくれたりする。それを瞬時に換算するから大したものだ。日本円はほとんど通用しなくなっていた。

一一年八月に平壌の観光名所、チュチェ（主体）思想塔を訪れた。私が在日だと分かると、一〇〇円玉と五〇〇円玉を持ってきて、一〇〇〇円札に替えてほしいという。小銭は銀行で受け付けてくれないそうだ。それほど日本円は需要がなくなっていた。

腕を組むカップルが増える

北朝鮮で八月二八日は「青年節」と呼ばれる祭日だ。一一年に訪朝した際、ちょうどこの日に出くわした。仕事が休みなので、平壌市内のあちこちでピクニックをする光景をみかけた。職場の同僚や友人同士で弁当や酒を持ち寄って、歌や踊りに興じていた。夏のせいか上半身ランニング姿になって遊ぶ男性も少なくない。カラオケの機械を持ってきて本

ジルバを踊る若者

デート中腕を組むカップル

格的に歌を歌うグループも。フォークダンスのようなおとなしめ系ではなく、ジルバのようなステップで踊る若い男性の姿もみかけた。デート中のカップルも多い。昔に比べて堂々と手をつないだり、腕を組むカップルが増えた。

この日、私は案内員、運転手と一緒に大同江に浮かぶ船上レストランでランチを取った。タルピ（スケトウダラの干物）やキムチを肴に生ビールを飲んだ。料理は美味しかったが、店員の態度は最悪だった。ただ持ち込みが可能なので、ホテルで作ってもらった弁当を持参した。おかげで支払いは安くて済んだ。このように北朝鮮では酒や食べ物を持参しても文句を言わないレストランが結構ある。

前項で述べたように、北朝鮮には娯楽が少ない。遊園地などはあるが、入場料もかかるし、チケットの割り当てがあるので、自由に毎日行くというわけにもいかない。映画館や博物館なども少ないし、そもそも映画館へ行っても見られるのは北朝鮮の映画だけだ。しかも、電力不足で新作映画が作られたという話はあまり聞かない。その代わり、モランボン楽団のような芸術公演や演劇公演はしょっちゅう行われている。

一一年に平壌で万寿台《マンスデ》芸術団と三池淵《サムジヨン》楽団の合同公演を見る機会があった。当時北朝鮮で大ヒットしていた歌「ウリチプサラム（うちの嫁さん）」も披露された。妻への感謝を込めたこの歌を知らない人はいない。私の隣で公演を見ていた小さな子どもでさえ口ずさんでいた。この歌を歌った男性歌手のキム・ウンサムは若い女性に大人気だった。

ただ、こうした公演もチケットの割り当てがあるから、いつでも自由に見られるというわけではない。一般の人々はもっぱら土・日や祝日だけ放映される万寿台《マンスデ》テレビを楽しみにしていた。このチャンネルでは、中国やロシアといった友好国が中心ながら、外国の映画やドラマが放映される。ヨーロッパのサッカーの試合やドキュメンタリーなどの番組もあるから、世界の事情を知りたい人々にとって、土・日の万寿台テレビは大きな楽しみの一つだ。

一一年に滞在していた当時、中国のテレビドラマ「鋼鉄の年代」が市民の間で人気だった。朝鮮戦争前後から大躍進、文化大革命期を舞台に国家建設に取り組む人々の奮闘を描いている。

ドラマは吹き替えではなく、字幕入りで放送されていた。地元の人に聞くと、以前は中国のドラマは吹き替えで放送されていたが、少し前から字幕入りになったという。同じ頃、「労働新聞」では中国人の人名や地名が朝鮮語読みから中国語読みに変わっていた。当時、金正日総書記が一年間で三度訪中するなど、中朝関係はかつてない蜜月の時期だった。そのことを反映させた動きかもしれなかったが、この中国語読みはほどなくして元の朝鮮語読みに戻った。

当局も黙認する副業

北朝鮮の人々は給料だけでどうやって生活しているのだろう？　いつもそんな疑問を抱いていた。そこである中年女性に尋ねてみると、次のような答えが返ってきた。「誰も給料だけで生きていけるなんて思っていない。アルバイトをして働いた分だけ報酬を受け取れるなら、みんなそうするわ」。

最近では物価に見合った給料を払う所も増えたようだが、私が頻繁に訪朝していた二〇一〇年代初めには、給料だけではとうてい生活できなかった。なにしろ市場でコメを一キロ買えば月給が飛んでしまうのだ。もちろん、供給システムが正常に稼働すれば、給料が少なくても最低限の生活はできる。だが、もうそんなものに頼る人はほとんどいなかった。では、どうやって足りない分を捻出するのか。副業だ。三〇代のある男性によれば、当局も副業は黙認しているという。一時的なことなので理解してくれているが、あまり目立たないようにせよ、という方針らしい。国家が国民の生活全般の面倒を見切れない以上、副業ぐらいは見て見ぬふりをするのは当然だろう。

たとえばどんな副業があるのか、現地で何人かに聞いてみた。

北朝鮮の理系大学の名門、金策《キムチェク》工業総合大学出身のある女性技術者は主婦業のかたわら、コンピュータ関係の副業をしていた。隠居した高齢者などは川で釣った新鮮な魚を料理屋に売って稼ぐこともあるようだ。平壌市内を流れる大同江では大勢の太公望《たいこうぼう》たちを見かけたが、そんな事情があったとは。〇八年当時には海外輸出用の編み物や縫物を内職で作る主婦たちもいた。いまは制裁でこうした副業は下火になっているかもしれない。大学の先生などは家庭教師をしたりと、みなそれぞれ自分の〝才能〟を生かした副業に携わっている。

ただ、北朝鮮では世帯主は必ず本来の職場に出勤しなければならない。世帯主はほとんどが男性だが、夫を亡くしたり離婚したりして一人で住む女性も世帯主として扱われる。彼女たちにも職場に行く義務があるから副業に携わることはできない。一番大変なのは、子どもを抱えたシングルマザーだ。副業もできず、わずかな給料をもらうために国が決めた職場に毎日通わねばならないのだから。

北朝鮮で最も有名なアナウンサー

ピンクのチョゴリに黒のチマが彼女の定番衣装だ。北朝鮮で最も有名な女性アナウンサー、李春姫《リチュニ》さんは、必ずこの衣装で画面に登場する。そして、金正恩氏の活動に関するニュースを高らかに読み上げる。その独特の話し方は日本をはじめ各国でも有名だ。いままで

朝鮮中央テレビで核実験成功を伝える李春姫さん（2016年９月、AFP＝時事）

も金正恩氏の活動や核・ミサイル実験の実施など国の重要なニュースを伝える際には必ず彼女が登場する。七四歳の今でも元気はつらつである。

一九九六年、その彼女にインタビューした。李さんは映画演劇大学俳優学部を卒業後、六六年に朝鮮中央テレビに配属された。朝鮮総聯の対外向け機関紙「朝鮮時報」（九六年一〇月一七日付）に私が書いた記事には「この道三十年のベテランだが、日に三時間の話術訓練は欠かさない」とある。

李さんは配属当初から、最高指導者の活動に関するニュースを読んできた。北朝鮮ではニュースごとにアナウンサーが決まっていて、トップの動静に関するニュースを読めるのは最もうまい人が担当するということだった。私のインタビューに彼女は、「いかに威厳を持って（金正日）書記（当時）の活動を伝えるかを心がけている」と答え、「アナウンサーは声とともに政治的に敏感な感覚が大切」だとして、「労働新聞」をはじめ国内で発行される全新聞に目を通しているとのエピソードを語ってくれた。

そんな彼女が当時、ニュースを読む際に最も気をつけていたのが「誇張した話法を避け、自然体で話すこと」だった。テレビ画面で「ミサイル発射」や「核実験成功」などのニュースを高らかに読み上げる今の姿からは想像もつかない。今の彼女には「どこが自然体なのか？」と突っ込みを入れたくなるが、実際にインタビューに答えた際には、静かな話し方でおっとりした印象を受けた。台湾のテレビ局が李さんをインタビューする動画がネットで見られるが、ニコニコ笑いながら気さくに話す姿が印象的だ。こちらが本来の李さんの姿なのかもしれない。

間食として配給されるロッテのチョコパイ

「チョコパイが食べたい」

二〇一七年末、板門店経由で脱北し銃撃を受けながらも韓国に渡った北朝鮮の人民軍兵士は、手術後の第一声でこう語ったとされる。韓国紙「東亜日報」（電子版、一七年一二月一日付）が報じていた。

チョコパイとは、しっとりした生地にマシュマロかクリームをはさんでチョコレートで

北朝鮮の小学校で韓国のチョコパイ発見

コーティングしたお菓子だ。二〇一一年八月末、日朝の子どもたちが交流する場があるというので、平壌市の綾羅《ルンラ》小学校を訪れた。子どもたちの文化公演を見た後、懇親会が開かれた。日本から来た客をもてなそうと、飲料水やお菓子がふるまわれたのだが、北朝鮮製のサイダーやジュース、コーラに交じって、韓国製のチョコパイが出てきた。

現在は閉鎖されている開城工業団地では、〇四年から北朝鮮の労働者たちに間食としてチョコパイが配給されていた。オリオンとロッテが流通業者を通じて共同で納品していた。ところが一一年、労働者が市場に一万ウォン（約三ドル）で転売していたことが発覚し、配給は中断された。当時の一般労働者の約三～四カ月分の給料に値する額だった。私が綾羅小学校で目撃したチョコパイが市場で売られていたものかどうかは分からない。日本から客が来るからと、平壌市が特別に供給したということも考えられる。いずれにせよ、当時の北朝鮮では〝高級な〟お菓子で、一般市民には手も出せなかったはずだ。

同じ時期、東海岸沿いの農村地帯、咸州（咸鏡南道）のある一家を訪れた。平壌から持参したサンドイッチをおみやげに渡すと、三〇代初めのその家の主婦は、しばらくの間、じっと観察している。裏返してみたり、しまいにはにおいを嗅ぐ始末だ。私は、腐ったものをあげたと勘違いされたと思い、一瞬ムッとした。

「大丈夫よ。まだ腐ってないから」。そう声をかけると、意外な答えが返ってきた。

「生まれて初めて見るものですから、どんな食べ物かと思って」

一〇年に訪朝した際、案内員や運転手と一緒に平壌市内のファストフード店「三《サム》台《テ》星《ソン》清涼飲料店」に行った。シンガポール企業との合弁で〇九年に開店した店だ。案内員は特に珍しがりもせず、ハンバーガーとフライドポテト、チキンナゲットなどを食べていた。彼はこう言った。「私たちの味覚も変わった。パンも食べるようになったし、イタリア料理や中国料理の専門店だってある」。

店内は若い人を中心に満席だった。ハンバーガーを食べたり携帯電話をかけている若者たちの姿を見ると、「ここは本当に平壌？」と疑ってしまうほどだった。少なくとも一九八〇年代や九〇年代はもちろん、二〇〇〇年代初めでもこういう店に入るとジロジロ見られたものだ。明らかに現地の人とは違う服装で浮いていたからだ。だが、ハンバーガーショップでは在日の私が入っても特に関心を持つ人もいなかった。服装も私とあまり変わらないから、目立つこともない。大きなワッフルの写真を飾るなど、店内のディスプレイも斬新だった。ワッフルも人気のようだったが、平壌焼酎を飲みながらワッフルを食べている人がいたので、食べ方を教えたくなった。キムチが売られているのも北朝鮮らしいと思った。

確かに北朝鮮の人々の食生活も変わった。平壌などの都市部ではパンにコーヒーという人が増えていた。党のある幹部も「朝はコーヒーとパンで済ませる人が多い」と語っていた。昔は高麗ホテル内の喫茶店でも、コーヒーを注文すると目の前でインスタントコーヒーを作って出されたものだが、近年はドリップやコーヒーメーカーが当たり前だ。

ただ、これも平壌など大都市に限ったことだった。先述したように、地方の農村ではサンドイッチを初めて目にする人すらいた。あれから数年がたち、少しはギャップが埋まっただろうか。

学者はつらいよ

大学の教員は学生を教える立場なので清廉潔白でなければならない。商売をしてはいけないし、国の規則を絶対に破ってはならない――二〇一〇年代初め、そんな話を現地のある大学教員から聞いた。名節（祝日）の時にも供給がないため、生活はとても苦しい。だから、女性が結婚相手として避けたい職業の上位が学者なのだと嘆いていた。

しかし、金正恩時代になって学者への優遇策が講じられるようになった。平壌郊外に新築の高層マンションが立ち並ぶ一角がある。「未来科学者通り」だ。文字通り学者に住宅を供給するために建設された。不満たらたらだった先述の教員も国からマンションの一室を与えられたと、風の便りに聞いた。

「地方に飛ばすぞ」。北朝鮮で不満を抑える際に使われる決まり文句だ。学者を辞めたいというと地方に飛ばされるから、いやでも我慢して続けざるを得ない。

ただ、この決まり文句が通用しない場合もある。北朝鮮でも離婚はあるが、あまり奨励されない。だから、裁判（調停）の時などに「（平壌から）地方に飛ばす」となかば脅して離婚を思い止まらせようとする。ただ、親しい案内員によると、それでも離婚したいという女性がいたという。DV（ドメスティックバイオレンス）の被害者だ。「死んでも縁《よ》りは戻したくない」と言っていたそうだ。

中国の改革・開放政策から学ぶ?

金正恩体制下で冷え切っていた中国との関係は、金正恩朝鮮労働党委員長が一八年三月に訪中したのをきっかけに、急速に改善している。金委員長はほぼ一ヵ月に一度のペースで訪中し、習近平国家主席との関係を深めている。

一度目の訪中は米朝首脳会談開催が決まった直後、二度目は南北首脳会談開催から約一〇日後、三度目は米朝首脳会談開催から一週間後だ。まるで〝弟〟が報告しに〝兄〟の家に伺っているようにも見える。

そんな中、五月一四日に電撃訪中した北朝鮮高官参観団の動きが注目される。中国国営新華社通信によると、朴泰成《パクテソン》・朝鮮労働党中央委員会副委員長を団長とする同参観団には、平安北道や平壌市をはじめ北朝鮮の全ての道・市のトップが含まれている。一行は初日の一四日、「中国のシリコンバレー」と言われる北京市内の中関村を訪れた。金正恩委員長が三月に北京を訪問した際に視察した場所である。一五日には、先端農業技術の現場である農業科学院の作物科学研究院や農業科学技術展示館などを訪問。一六日には北京の基礎施設投資有限公司も視察した。

日本テレビが報じたところによると、習近平主席は一六日、参観団と面会し経済発展を支援していく考えを示した。一方、団を率いる朴党副委員長は、「中国の改革・開放を学び、経済発展のための新しい路線を目指す」と述べた。

北朝鮮が一九八四年に経済開放政策の一環として合弁法を制定する前にも、同じような動きがあった。八三年に訪中した金正日書記（当時）は深圳、上海など改革・開放政策の拠点を訪問した。八四年には北朝鮮の地方幹部五〇人も上海・深圳などを一ヵ月かけて視察した。参観団派遣は、北朝鮮がいよいよ中国式改革・開放政策を導入するシグナルかもしれない。

金委員長自身も改革・開放に前向きともとれる発言をしている。史上初の米朝首脳会談が行われたシンガポール。会談前日の一八年六月一一日夜、滞在先のセントレジスホテルにこもっていた金委員長は突如、湾岸地域の観光に繰り出した。訪れたのは植物園や高級リゾート施設の「マリーナ・ベイ・サンズ」など。ホテルやカジノ、コンベンションセンターなどがあり、空中庭園「サンズ・スカイパーク」で有名な場所だ。金委員長はその「サンズ・スカイパーク」にも上がり、シンガポールの夜景を俯瞰した。「労働新聞」は翌日付でこの観光を報じた。一面全面に掲載された一四枚の写真には、「サンズ・スカイパーク」の見事な夜景も含まれていた。

「聞いていたとおり、シンガポールは清潔で美しく、建物ごとに特色がある。今後各分野で貴国の立派な知識と経験を学んでいきたい」。金委員長はこう感想を述べた。

実は北朝鮮は金日成政権の時代から、シンガポールを開発モデルの一つと考えていた。金日成主席は九四年六月一四日、「シンガポールが莫大な金を稼いでいるのもホテル業と（貿易）中継業を手広く行っているからです。我々が（経済特区の）羅津—先鋒をうまく整備すれば、シンガポールよりもたくさん稼げるようになります」と語っていた。金委員長の頭の中にも、そのような祖父の考えがインプットされているかもしれない。

経済改革・開放政策を推し進めるには外資導入が不可欠だが、経済制裁下で外資導入は進まない。北朝鮮にとって経済制裁の解除が何よりも重要だ。

第四章

大《テ》同《ドン》江《ガン》ビールと改革・開放

ビールは南より北

大同江《テドンガン》ビール工場（平壌市寺洞《サドン》区域）に隣接するビアホールは私の「心の故郷」だ。二〇〇三年の朝鮮新報平壌特派員当時はせっせとビール工場に通った。ここで飲む生ビールの味は格別だ。北朝鮮の人々は生ビールのことを、〝ガスメクチュ〟と言っていた。朝鮮半島ではビールを麦酒（メクチュ）と言う。ガスは泡が出る様子を表現しているのだろうか。彼らによれば、大同江ビールが登場する前は、泡があるビールはほとんどなかったそうだ。大同江ビールが爆発的人気を博した理由も〝ガスメクチュ〟という点にあるのかもしれない。

工場内でのビールの買い方は次のようなものだった。まず会計に行って支払いを終えた後、工場内に積まれたビールの中から購入分を直接持ち出し、支局の車で運んでいた。一〇〇本ほどをほぼ一週間に一度の割合で購入していたが、案内員や運転手と飲んだり、支局に来た客に大盤振る舞いをしていたので、冷蔵庫に入れておくとすぐになくなってしまう。それでも、このビールが多大な効果をもたらしてくれた。

何度も述べているように、北朝鮮には娯楽が少ない。仕事を終えた後や休日などにやることと言えば飲むことぐらいだ。ピクニックに出かけることもあるが、ハマグリのガソリン焼き（ムシロの上に大量のハマグリを並べてガソリンをかけ、火をつけて焼いて食べる北朝鮮の名物料理）などをして結局は飲む。特に夏は大同江ビールが大人気だった。酔ってくれば北朝鮮の人々の口からも普段は話してもくれない本音が飛び出したりする。こういう時の方が、普段の形式ばった取材時よりも面白い話が聞けた。

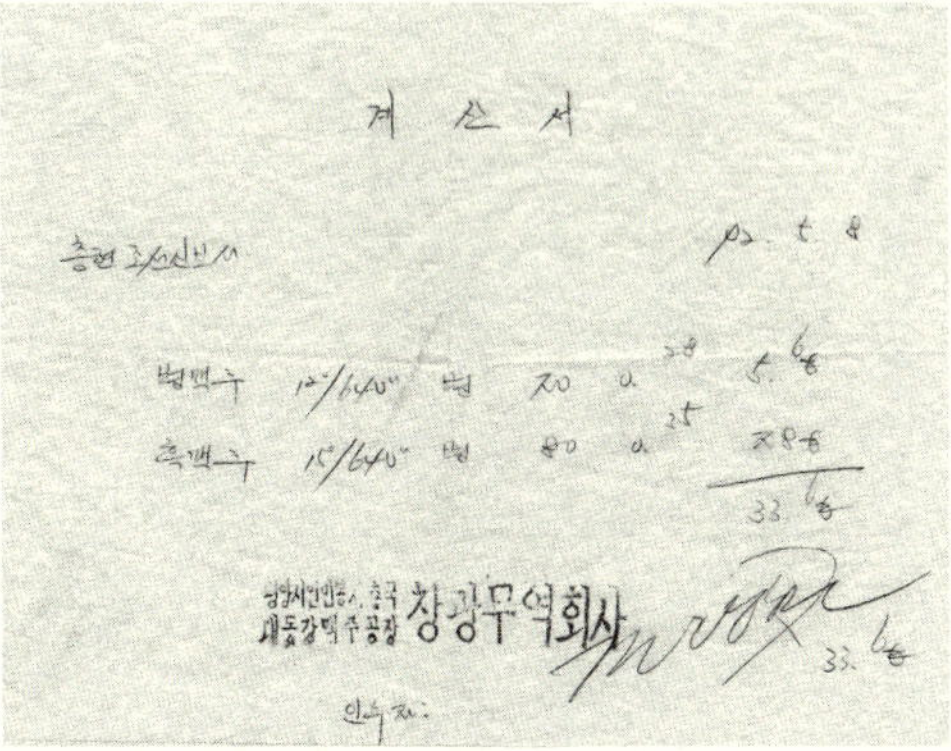

大同江ビール購入時の領収証。2003年当時は大同江ビール工場に足繁く通った

ビールは韓国より北朝鮮の方がおいしい――

二〇一二年一一月二四日、英週刊誌『エコノミスト』（電子版）が伝えた記事は当時、韓国のビール業界にショックを与えた。記事は「英国から輸入された装備を使って作られた北朝鮮の大同江ビールは驚くほどうまい」と絶賛していた。

確かにおいしい。ビール好きの私も訪朝するたび、愛飲していた。北朝鮮にはピョンヤン（平壌）、リョンソン（龍城）、ポンハク（鳳鶴）、クムガン（金剛）などビールの種類は結構ある。

当初、圧倒的シェアを誇っていたのはリョンソンビールだったが、〇二年に大同江ビールが登場してからはその地位を譲った。〝テドンガンメクチュ（大同江麦酒）〟はいまや北朝鮮を代表する商品の一つに数えられる。

『エコノミスト』が伝えるように、大同江ビール工場には、英国の設備が導入されている。北朝鮮は、一八〇年余りの伝統を誇りながらも採算が取れないとして閉鎖された英国のアッシャーズビール工場の設備をドイツのエージェントを介して買収。買収額は一七四億ウォン（約一九億円、「中央日報」日本語版・電子版、一五年四月一四日付）とされる。〇二年四月に本格的生産を開始した当初は、オーストラリア産の麦芽をはじめ原料も輸入していたが、〇七年からは北朝鮮国内で調達している。麦は穀倉地帯の黄海道、ホップは中朝国境の両江《リャンガン》道で生産、水は大同江の地下水を利用している（「朝鮮新報」朝鮮語版・電子版、一七年三月一三日付）。

スピード普及の背景にビアホール

平壌市普通江《ポトンガン》区域にある「慶興館《キョンフン》」の前には、午後五時の開店前からすでに行列ができていた。二〇一一年夏に訪れたときのことだ。約一五〇〇人を収容できる同館は平壌でも最大規模を誇るビアホール。職場の同僚たちと誘い合って、仕事帰りにちょっと立ち寄っていく人が多い。

「金曜労働」（特別な理由がない限り、幹部を含めた国民が与えられた労働現場で汗を流すこと。金曜日に行われることからこう呼ばれる）のある金曜日には行列の人数は普段より多い。男性が圧倒的だが、女性の姿もちらほら目についた。男女平等権法がありながら、儒教的男

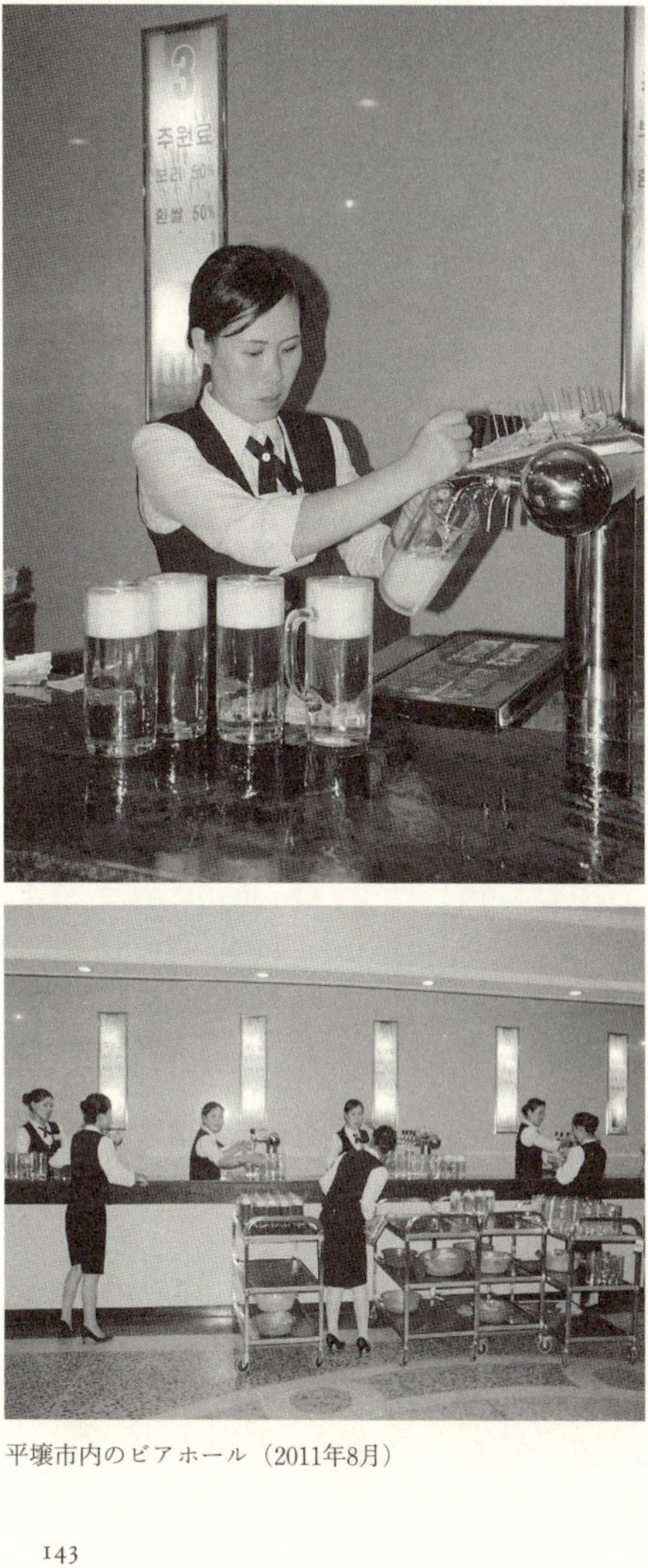

平壌市内のビアホール（2011年8月）

ビールは７種類ある

尊女卑が根強い北朝鮮では、女性が酒を飲んだりたばこを吸ったりするのをよしとはしない風潮があった。過去には職場で宴会が開かれる際に、当たり前のように男性の席にだけビールが置かれたという話も聞いた。だが、近年はいける口の女性たちも少なくない。

人気のつまみはタルピ（スケトウダラを干したもの）とピーナッツ。ここでは、原料に一〇〇％白米を使ったビールや二種類の黒ビールなど、アルコール度数（四・五～六％）や原料の配合が異なる計七種類のビールを提供している。それぞれ一番から七番まで番号がついており、客は番号で注文する。立ち飲みなので長居する人はほとんどいない。一、二杯飲んでさっと帰っていく人が多い。閉店時間も午後九時なので、長居したくてもいられないという事情もある。酔っ払ってくだを巻いているような人も見かけない。平壌市内には大同江ビールを提供するビアホールやレストランが一五〇カ所ほどあるとされる。

一一年九月当時の国定価格はジョッキ一杯が五〇ウォン（約一円）、原料がコメ一〇〇％の「五番」のビールだけは七〇ウォンだった。外国人や海外同胞には〇・五ドルで提供していた。案内員と二人分のジョッキ四杯が二ドル、つまみのタルピが一匹二・五ドルだったので、五ドルを渡したところ、お釣りは北朝鮮ウォン（一三〇〇ウォン）でくれた。前年の一〇年に同館を訪れた際と値段は変わらなかった。

私が訪れた当時の同館の支配人は女性だった。ビアホール以外にも結婚式場、食堂などを運営していて、〝やり手のおばちゃん〟といった感じだ。私たちを接待している間にも、ひっきりなしに携帯電話が鳴っていた。中国にも頻繁に出張して商売のノウハウを学んでくるのだという。食堂から始めてこの道三〇年のベテランだ。

そんな彼女が次のような話を打ち明けてくれた。「この事業は尊敬する金敬姫《キムギョンヒ》同志が直接指導しています」。金敬姫氏とは故金正日総書記の妹。長らく朝鮮労働党で軽工業部門の部長を務めていた。夫は一三年に国家転覆罪で処刑された張成沢《チャンソンテク》氏。一説では大同江ビール工場の建設には張成沢氏が関わっていたとされるが、事実なら夫婦で「ビール事業」を進めていたことになる。金総書記自身、生産開始直後の〇二年六月に工場を訪れるなど、ビール生産に力を入れていたというから、夫婦は金総書記の指示で動いていたのだろう。

その金敬姫氏。金総書記の生前、夫や甥（金正恩党委員長）と共に朝鮮人民軍大将の称号も授与されたが、夫が処刑されて以降、表舞台には一切出てきていない。

平壌ホテルでカクテルを飲む

ブルーハワイにスカーレット・オハラ、さらにはソルティ・ドッグ――平壌ホテルの従業員、チェ・ユンジュさんが作ってくれたカクテルである。ただし、ソルティ・ドッグはグレープフルーツが調達できずオレンジで代用したため、オレンジ色だった。

二〇一一年当時、平壌ホテルには一階に食堂、二階と四階、五階に〝カウンダー〟と呼ばれるバー兼コーヒーショップがあった。階ごとに〝接待員〟（飲食店やホテルなどで客をもてなす人の総称）がいて、飲み物やつまみなどを用意してくれる。チェさんは平壌ホテルの接待員としては古株だ。若い頃から仕事に意欲的で、いろんなアイディアを出してはホテルの売上げに貢献してきた。その彼女の作るカクテルが「おいしい」と評判だったので、一一年に訪朝した際、作ってもらった。本人の許可を得て作る場面をカメラに収めた。

まさしくカクテルだった。諸外国でも決してひけをとらないだろう。聞くと北朝鮮にも

「カクテル・コンテスト」があるそうで、彼女は金メダルを受賞した。カクテルの作り方は手に入れた教本などを見ながら独学で学んだという。努力して身に付けた技術で売上げを伸ばそうとする姿勢には感心した。

だが、彼女が必死になるのには理由がある。売上げによって月給が変わるのだ。だから他の階の接待員たちはみなライバルだ。他とは違う特徴で客を引き付ける方法をつねに考えている。北朝鮮では原則的に接待員は未婚の女性で結婚したら辞めてしまうが、チェさんは結婚後も働き続けている。ホテル側が彼女を離さないのだろう。

平壌ホテルの従業員、チェ・ユンジュさんが作ってくれたカクテル

筆者の前でカクテルを作るチェさん

そんな彼女の口癖は「働いた分だけ儲ける」。こんな人たちが北朝鮮でも増えていることは間違いない。

北朝鮮にも爆弾酒?

「薄くてコクがない」。ネットを調べてみると、韓国のビールの評判はいまいちだ。あげくには「北朝鮮の大同江ビールよりまずい」と外国人記者から批評される始末。なぜまずいと言われるのか? 一つはその飲み方にありそうだ。「爆弾酒」である。爆弾酒とは、ビールとウィスキーを混ぜたもの。一般的にはビール(爆薬)の入ったグラスにウィスキー(雷管)が入ったショットグラスを浮かべて作る。通常はこれを一気飲みする。手っ取り早く酔えるということで、二次会などで余興として飲まれることが多い。韓国限定の爆弾酒用四五〇mlウィスキーまである(「韓国経済新聞」一七年一一月二一日付)。ちなみに、ウィスキーの代わりに韓国焼酎(ソジュ)とビール(メクチュ)を混ぜたものは〝ソメク〟と呼ばれる。韓国ビールのアルコール度数は四・二~五・五%。北朝鮮とあまり変わらない。

「NAVER知識百科」によれば、起源は帝政ロシア時代にまでさかのぼる。シベリアに流刑された伐採労働者らが寒さをしのぐためウォッカとビールを混ぜて飲んだことが始まりだ。韓国には、六〇～七〇年代に米国に留学した軍人らによってもたらされ、八〇年代には政治家に転身した軍人たちが政界や法曹界、マスコミ関係者らとの会食の席で広めたとされるが、八三年に当時の江原道《カンウォンド》・春川《チュンチョン》地方検察長が初めて造り広めた説など諸説ある。

米国にはバーボンとビールを混ぜた〝ボイラー・メーカー〟という飲み方があり、これが伝わったのではないかともいわれる。爆弾酒用のビールだからコクがなくて薄くても構わないというわけだ。爆弾酒でないと韓国産ビールは飲まない消費者もいるとされる。

この「爆弾酒文化」が北朝鮮にも広がっているのでは、と韓国の「聯合通信」が一八年一月二日に報じた。北朝鮮の国営ラジオ「朝鮮中央放送」が一日、天気予報の番組の中で、「冬の季節には体温調節のために熱エネルギーを消耗することが多くなる。アルコール類を飲みすぎたり、焼酎とビールを混ぜて飲むと、体温調節で重要な役割を果たす心臓、肝臓などに悪影響を与える」「焼酎とビールは別々に飲んだ方が良い」と警告したのだ。「焼酎とビールを混ぜて飲む」とは爆弾酒そのものだ。

確かに〇三年に朝鮮新報平壌特派員として長期滞在していた際、現地の人が大同江ビールと平壌焼酎を混ぜて飲んでいるのを目撃した。案内員から「南朝鮮（韓国）では爆弾酒というのがあるんだろう？」と尋ねられたこともある。

二〇〇〇年六月の金大中《キムデジュン》大統領と金正日総書記との南北首脳会談後、南北の接触が常態化した。その過程で韓国側参加者から北朝鮮側参加者に伝わったという話を聞いたことがある。金正日総書記も〇五年六月に韓国側人士との昼食会の席で、「誰かが南で（爆弾酒を）教わってきて（北で）流行させている」と語ったという話が伝わっている。

夏恒例になるか、ビールの祭典

〝平和の祭典〟と言われるオリンピックがブラジルのリオデジャネイロで開催中だった一六年八月、北朝鮮の平壌では、平和の祭典ならぬ〝ビールの祭典〟が開かれていた。この年に初めて開催された「平壌大同江ビール祭典」だ。国営の「朝鮮中央通信」が即日報道するなど、北朝鮮でも国をあげて力を入れていることがうかがえた。平壌に滞在中の外国人や海外同胞も参加し、〝利きビール〟競争などのイベントも組まれた。

祭典に関して、ラジオ放送では「祭典の開幕は対北朝鮮制裁への答えだ」といさましく宣言する一方、祭典で挨拶に立った準備委員会のチェ・ヨンナム委員長（人民奉仕局長）は、「大同江ビールの競争力を高める契機になる」と強調した。制裁下でもなんとか輸出に持ち込みたい本音が垣間見える。

ビール祭典は一七年夏にも開かれる予定だった。平壌だけでなく中朝露国境に設置された経済特区・羅先でも「羅先海岸ビール祭典」が予定されており、地方も含めた開催は北朝鮮側の祭典への意欲を十分に感じさせるものだった。平壌の祭典に関してはメディアを通じて積極的に宣伝もしていた。ところが、北朝鮮は突如中止を決定した。理由は不明だが、北京に本社を置く北朝鮮専門の旅行社、高麗《コリヨ》旅行社によれば、「干ばつのための可能性がある」（「聯合ニュース」一七年七月二四日）とのこと。

確かに穀物の生産高は一五年の約五四八万二〇〇〇トンから一六年には約四九七万八〇〇〇トンと大幅に減った（FAO調べ）。一二年から連続して五〇〇万トン台を維持していたから、この減少は痛手だろう。穀物にはビールの原料となる大麦も含まれている。そんななかでも、北朝鮮は小麦ベースのビールを新たに開発（「朝鮮新報」朝鮮語版・電子版、一七年九月一四日付）したというから、めげていない。

缶ビールも登場、輸出を目指すが

かつては北朝鮮でも缶ビールが製造され、韓国にも輸出されていたことがある。韓国の日刊紙「東亜日報」九六年五月二五日付には興味深い記事が掲載されている。北朝鮮産のお酒を専門に輸入する「ドンウワイン」が、平壌楽園工場で生産された金剛《クムガン》生ビール（三五〇ml）五万缶を輸入したというもので、ビールの写真付きだ。価格は二五〇〇ウォンで、当時は統一展望台（京畿道《キョンギド》坡州市《パジュシ》）でのみ販売された。しかし、この時は輸出用にごく限られた数しか生産されなかった。電力不足の北朝鮮では、アルミの缶ビールは造れなかっただろう。

それから二〇年の時を経て、北朝鮮で再び缶ビールが生産されるようになった。その名も慶興《キョンフン》ビール。一日の収容人数一五〇〇人を誇る北朝鮮最大のビアホール「慶興館」が販売元だ。一六年五月に開催された国際商品博覧会で初お目見えし、一カ月足らずで市中に出回るようになったという（「中央日報」日本語版・電子版、一六年六月二一日付）。北朝鮮の一般の人たちも飲めるところが二〇年前とは異なる。

大同江ビールも負けじと缶ビールを製造した。販売開始は一六年八月だ。配合は大麦七〇％、白米三〇％、アルコール度数五・五％の「二番」と呼ばれるビールで、容量は五〇〇ml。庶民の間で一番人気の高い配合を缶ビールに採用したそうだ。

キム・グワンヒョク工場長は缶ビールを開発した理由について、朝鮮新報特派員のインタビューに「大同江ビールは平壌市内だけでなく両江道の住民にも供給される。缶なら遠距離への配送も可能だ。鮮度を保つのにも缶は最適だ」と答えている（「朝鮮新報」朝鮮語版・電子版、一七年三月一三日付）。大同江ビールが地方にも流通され始めていることがうかがえる。一一年頃には咸鏡南道咸州《ハムギョンナンドハムジュ》で偽物が出回っていたが、地方でも本物の大同江ビールが飲めるようになったかもしれない。

しかし、缶ビール製造の真の目的は他にあると考えられる。キム工場長は「朝鮮新報」とのインタビューで、対外市場に出しても遜色のない「大同江ビール工場を代表するビール」と自画自賛した（「朝鮮新報」前出）。この言葉から察する限り、缶ビールは輸出を目的に製造されたと言ってよい。欧米人を中心に外国人から評判の良い大同江ビールは、輸出品として十分通用するだろう。

だが、度重なる核・ミサイル実験にともなう国連安保理の制裁決議によって、北朝鮮のほぼすべての商品は輸出が禁じられている。一七年一一月二九日に実施された大陸間弾道ミサイル（ICBM）の実験を受けて、同年一二月二二日に採択された決議二三九七号によって、外国から北朝鮮への輸出禁止品目は食料品・農産品・機械類・電子機器・土石類・木材類・船舶へと拡大された。この決議によって、ほぼ全品目の輸出が禁じられたわけだ。北朝鮮に輸出の意欲があっても、国連安保理の制裁決議がある以上、果たして輸入しようとする国があるかどうか。北朝鮮にとっては、テポドンに象徴される核・ミサイル開発か、「平和の象徴」である大同江ビールの輸出か、を国際社会から迫られているのだ。

幻に終わった米国への輸出

もしかしたら米国でも大同江ビールが販売されていたかもしれない。過去に一度米政府が輸入を許可していたことがあるからだ。実現していれば四二万本のビールが二〇一一年六月に米国内に輸入されるはずだった。ところが、同年四月に新たな対北制裁行政命令が発効され、これに引っかかってしまった(米ラジオ「自由アジア放送〔RFA〕」、一一年四月二〇日)。輸出は幻に終わった。

輸入を仕掛けていたのは、在米実業家のスティーブ・パク(パク・イルウ)氏。米州朝鮮平壌貿易会社の代表を務めていた。彼がまず手がけたのが平壌焼酎の米国への輸入だった。〇三年に米政府の許可を受けた後、五年間の準備過程を経て〇八年四月、一六六〇箱(一箱=二四本)の平壌焼酎が米国に到着した。当時の卸売り価格は一箱当たり九〇〜一〇〇ドル。レストランなどでの販売価格は一本一〇〜一二ドルで、主にニューヨークなどで販売された。米国での販売はタンス・リカーが受け持った(「聯合ニュース」〇八年四月二四日)。

同年五月、パク代表は大同江ビールの輸入推進を明言した(「朝鮮新報」朝鮮語版・電子版、〇八年五月一二日付)が、先述のとおり実現には及ばなかった。その後、パク氏が代表を務める米州朝鮮平壌貿易会社は、一一年に金剛山観光の独占事業権を得る（「MBCニュース」一一年八月三日）など、北朝鮮とのパイプを強めていたが、一二年七月二五日にニューヨーク州政府によって、パク氏の税金未申告を理由に解散させられたという。

韓国にも搬入されていたが、哨戒艦沈没事件への対抗措置として一〇年に李明博政権が経済協力中断をうたった「五・二四措置」を発表、開城工業団地以外のすべての経済交流・協力関係は凍結され、大同江ビールの輸入も中断された。

ネットで面白い記事を見つけた。都内で開催されたとされる「北朝鮮ビールを飲む会」の模様を伝えた（投稿日は一五年五月二六日）ものだ（http://www.kokkanowa.net/?p=263、一八年一一月三日アクセス）。韓国の大学を卒業後、日本の大学で引き続き学ぶ学生が持ってきた大同江ビールを参加者が分け合って飲んだ。「辛口ですっきりした味わい」「中国のチンタオ（青島）ビールのよう。ビールが苦手という人でも飲みやすい」と、評判は上々だった。

記事では入手方法についても触れており、くだんの学生は開城工業団地で入手したという。そこで働く韓国人は、団地内の購買施設で一日一本購入できるという。一本あたりの値段は日本円にすると四〇〇～五〇〇円だったそうだ。一六年二月、朴槿恵政権（当時）は核・ミサイル実験に抗議して開城工業団地の操業中断を宣言した。これによって、南北間におけるすべての経済交流・協力関係はストップ。最後に残っていた大同江ビールの購入手段もなくなった。

改革・開放のシンボルとなるか

「共和国（北朝鮮）には大同江、平壌、鳳鶴など各種のビールがある。なかでも断然一位を占めるのは大同江ビールだ」。こんな記述で始まる『大同江ビールガイドブック』が一六年に北朝鮮の平壌出版社から刊行された。北朝鮮の対外向けサイト「わが民族同士」（www.uriminzokkiri.com/index.php?ptype=photobook&no=2842）が一七年六月九日にアップした。

ガイドブックでは、大同江ビール工場やビールの種類、代表的なビアホール「慶興館」などを紹介しているほか、一六年夏に平壌の大同江辺りで行われた「ビール祭典」の模様も六ページにわたって掲載している。

興味深いのは、世界的にも人気があることを強調している点だ。ボイス・オブ・アメリカ（VOA）や英国の『エコノミスト』誌、ロイター通信などに絶賛する記事が掲載されたことを紹介している。国際的評価の高さをアピールしたい、輸出品としても遜色ないことをアピールしたい狙いがあるのは見え見えだ。

中国の代表的なビールといえば「青島《チンタオ》ビール」だ。その歴史は古い。山東省青島は一八九八年からドイツの租借地となり、ビールの生産が行われてきた。一九〇三年にはドイツ人投資家がゲルマンビール会社青島株式会社をおこすが、一九一六年には大日本麦酒株式会社が工場を買収。朝日、サッポロなどを生産してきた。第二次世界大戦後は中国側に接収され国営企業となるが、九三年に民営化された（『ビールの図鑑』、マイナビ）。現在では世界五〇カ国以上で販売されている。

大同江ビールも青島ビールのように世界に輸出され、改革・開放の〝シンボル〟となる日が来るのを期待してやまない。

第五章　ブラックアウト、消えた電力

消えた(?)北朝鮮

宇宙から見たら、北朝鮮は消えていた? 米航空宇宙局（NASA）が二〇一四年二月に公開した、国際宇宙ステーション（ISS）のクルーが東アジア上空から撮影した夜景の写真を見ると、北朝鮮はほとんど真っ黒だ。首都・平壌がわずかに小さな光を放っている程度。隣の韓国、中国のまばゆいばかりの光とは対照的だ。

同じような写真は〇二年にラムズフェルド米国防長官（当時）がメディアに公開して話題となった。一五年九月、アメリカの国営放送のボイス・オブ・アメリカは、NASA所属の宇宙飛行士スコット・ケリー氏がツイッターに掲載した同様の写真を伝えた。この写真でも相変わらず北朝鮮は真っ暗だ。

真っ暗な北朝鮮。そこにはどんな光景が広がっているのか。咸鏡《ハムギョン》南道の咸興《ハムン》と咸州《ハムジュ》の間はタクシーで五〇分ほど。私は一九八四年に初めて訪朝して以来、その道を何度か往復した。直近では二〇一〇年と一一年にこの道をタクシーで走った。

どちらも平壌に向かう上り列車が咸興駅を出発するのが夜中だったので、咸州を出発するのも夜中になった。咸興までひたすら一本道を走る。街路灯などついていないから、明かりといえば車のライトだけ。運転手もライトだけを頼りに車を走らせる。慣れた道なの

国際宇宙ステーションのクルーが上空から撮影した朝鮮半島（2012年９月、AFP＝時事）

か、とまどうこともない。時折歩いている人を見かけるが、車の行き来はほとんどない。だから事故が起きる心配もあまりないのだろう。しかし、不夜城・東京から来た私は「真っ暗というのはこういうことなのか」と、妙に感心してしまった。

その咸州に一一年、街路灯ができた。決して明るいとは言えないが、それでも昔よりはましになったようだ。街路灯を見せようと平壌から同行した案内員が私を外へ連れ出した。電力問題を咸州郡で解決した事実を伝えたかったのだろう。一〇年とは異なり道路も舗装されていた。もちろん、建設に携わったのは一般庶民だ。舗装された道路と街路灯は彼らの汗の結晶だ。

一一年に慈江《チャガン》道熙川《ヒチョン》を訪れた際にも、意外とネオンが輝いていて驚いた覚えがある。だが、私たち在日一行がホテルを離れるのに合わせてすべての電気が消されていた。やはり電力事情は改善したとは言えなかった。

北朝鮮で停電は日常茶飯事だ。懐中電灯は必需品で、私も必ず持ち歩いていた。それでも一〇年から一二年までの訪朝期間、宿泊していたホテルで停電にはほとんど縁がなかった。しかし、庶民の暮らしは別なようだった。一一年八月のある晩、平壌市統一通りのアパートに住む人を訪ねたが、停電でエレベーターを使えず、九階まで階段で上るはめに。車での移動が多く運動不足気味な私にはちょうどよかったが、こんなことが毎日のように続くようでは、庶民はたまったものではないだろう。

用事を終えて下に降りると、暗闇のなかでチャンマダン（市場）がたっていた。するめやタルピ（スケトウダラの干物）などの食品や酒、日用品などを高齢の女性たちが座って売っていた。暗闇のなかで、人々は懐中電灯を頼りに品物を物色していた。

この頃、平壌市でも万景台《マンギョンデ》区域など郊外ではしょっちゅう停電が起きていた。北朝鮮では電気のことをプル（火）と呼ぶ。万景台区域に住む友人の案内員は、「プルワッソ（電気は来たか）？」としょっちゅう妻に携帯で聞いていた。

七〇年前、北朝鮮は韓国に電力を送っていた

一九四五年八月一五日の朝鮮解放後から三年間、北朝鮮は南朝鮮（現在の韓国）に電力

需要の約七〇%を送電していた。電力がありあまるほどあったからだ。当時、南北は国としては分断されていなかったが、三八度線を境に北はソ連の管轄下に置かれ、南は米軍政が敷かれており、事実上二つの地域に分断されていた。鴨緑江本流の水豊《スプン》ダム、鴨緑江に向かって流れる三つの川（赴戦《プジョン》江、長津《チャンジン》江、虚川《ホチョン》江）に設置された発電所だけで朝鮮半島全体の電力量の約八五%を満たしていた。

これ以外にも豆満江を水系とする発電所など、大部分の発電施設は北朝鮮側にあった。朝鮮解放時の南北朝鮮の発電能力を比較すると、北朝鮮が一五一万五〇〇〇キロワット、南朝鮮が二三万七〇〇〇キロワットで約六・四倍だ（朝鮮電気事業史編集委員会編『朝鮮電気事業史』）。

しかし、北朝鮮は四八年五月一四日、南朝鮮への送電を一方的にストップする。同年五月一〇日に南朝鮮地域でのみ実施された単独選挙に反発したという説もあるが、どうも電力代金を支払わない米軍政当局への不満があったようだ。

当時の韓国紙によると、北朝鮮は一〇日夜、平壌放送（当時の対南・対外向けラジオ放送）を通じて金策《キムチエク》・北朝鮮人民委員会副委員長名義の声明を発表した。声明は、完納期限が過ぎても電力代金を支払わない米軍司令部に不満を露にし、「（電力供給に関する）協約を朝鮮人同士で締結する必要がある」として、南朝鮮人代表を一四日までに平壌に派遣する

図5－1　北朝鮮と韓国の発電能力（2014〜16年）

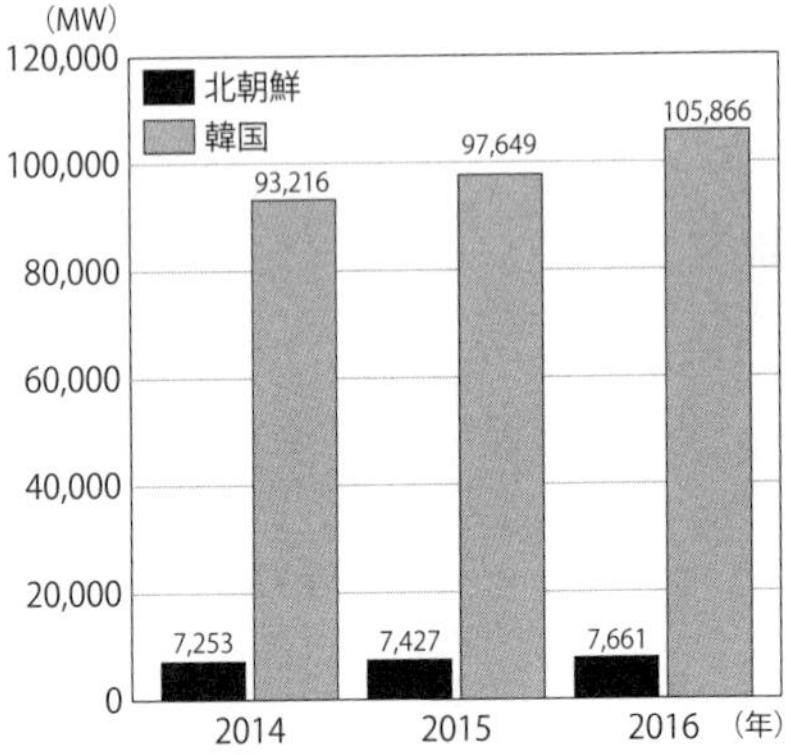

出典：韓国統計庁「北朝鮮統計」

よう要請。応じなければ電力供給を中断せざるを得ないと警告していた（「東亜日報」四八年五月一二日付）。しかし、双方で行き違いがあり、結局送電はストップした。南朝鮮は深刻な電力不足に陥った。

国連の朝鮮臨時委員会（UNTCOK）監視下で実施された単独選挙では、済州島を除く南朝鮮全域で一九八人の国会議員が選出された。済州島が除かれたのは南朝鮮労働党の影響を受けた住民らが単独選挙に反対して武装闘争を続けていたからだ。南北協商派も選挙には参加しなかった。選挙結果を受けて、四八年八月一五日に大韓民国が樹立され、初代大統領に李《イ》承晩《スンマン》氏が就任した。一〇日後の八月二五日に北朝鮮では最高人民会議代議員選挙が実施された。その結果を受けて、九月九日に朝鮮民主主義人民共和国が樹立され、初代首相に金《キム》日成《イルソン》氏が就任した。南北分断の始まりだった。朝鮮戦争（五〇〜五三年）を経て、分断は固定化した。

図5－1は北朝鮮と韓国の最近の発電能力を記したものだ。その差は歴然としている。韓国の場合、設備の内訳をみると、水力より火力や原子力が大きな比重を占めている。南北の電力事情は七〇年前と逆転した。

国章に描かれた水力発電所

「『朝鮮民主主義人民共和国』という文字が描かれた帯で稲穂を結い上げた枠のなかに、雄壮な発電所が描かれ、その上にはさん然と輝く赤い星がある」

四八年九月八日に議会で採択された初代憲法では、北朝鮮の国章がこのように定義されている。その後、この定義は二度変わった。七二年一二月に制定された社会主義憲法では、発電所に水力がついて水力発電所と改められた。九二年四月には、水力発電所の上に白頭山があることが明記された。しかも白頭山を「革命の聖山」と定義した。星も「五角星」と記した。

北朝鮮の国章（出典：「ネナラ」ホームページ）

朝鮮コンピューターセンター（ＫＣＣ）が運営しているポータルサイト「ネナラ（わが国）」（naenara.com.kp/ko/politics/symbol-show.php?1）によると、白頭山と五角

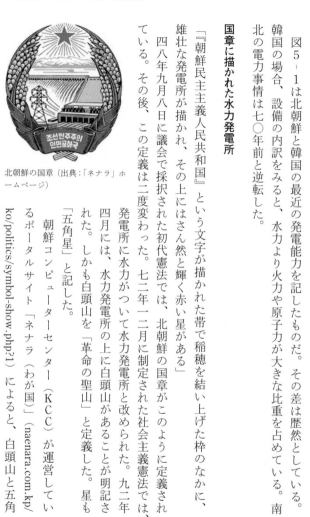

星は「抗日革命闘争の革命伝統」を、水力発電所と稲穂はそれぞれ工業と農業の威力を、赤い帯を枠にして国章を楕円形にしたのは朝鮮労働党と領袖のまわりに人民が団結した姿を象徴しているとされる。

北朝鮮が正式に建国を宣言する前の四八年七月から九月まで使われていた国章には、発電所ではなく溶鉱炉が描かれていた。発電所に変わったのは金日成・金正淑《ジョンスク》夫妻の提案によるものだった。「金正淑女史は、北南朝鮮の全人民が受け入れられるように、金日成主席の新しい祖国建設の構想が立派に反映されるように国章の図案をつくらなければならない」として、溶鉱炉の代わりに水力発電所と鉄塔を描くよう指示したという（「ネナラ」サイト）が、実はこの水力発電所のモデルは水豊《スプン》発電所とされる。

水豊発電所（発電能力六〇万キロワット）は、中朝の国境を流れる鴨緑江にある。日本の植民地統治下で、満州国と朝鮮に電力を供給するため四四年三月に竣工。水豊ダムを含めた総工費は朝鮮窒素肥料（現チッソ、二〇一一年にJNCを設立）が負担し、発電機の製造には東京芝浦電気（現東芝）があたった。同発電所は現在でも電力生産で主力をなしている。現在の発電能力は六三万キロワット。北朝鮮で最大だ。

金日成夫妻は「北南朝鮮の全人民が受け入れられる」ものとして、なぜ水豊発電所を選んだのだろうか。先述したように、北朝鮮は単独選挙実施に反発して停止するまで、建国前の韓国側地域に電力を送っていた。北朝鮮の豊富な電力量を象徴していたのが水豊発電所だ。日本の植民地時代に建てられた世界最大級の発電所の存在は、北朝鮮地域のみならず朝鮮半島全域に知られていたことだろう。金日成氏は、経済の根幹をなす電力を握っているのは北朝鮮であることを強調したかったのかもしれない。しかし、植民地時代に作られた発電所が今でも最大というのは、その後の北朝鮮の電力事情を考えると、象徴的である。

極秘資料から見えてくるもの

手元に北朝鮮の工業総合出版社から刊行された一冊の資料がある。表紙に「絶対秘密（極秘）」と記された『我が国の水力資源』と題する資料には、現存する水力発電所と今後の水力発電所の建設計画が発電所名をともなって具体的に述べられている。刊行年は一九九二年と古いが、具体的な数字が細かく記されていて興味深い。

「（水力発電所は）資金と労力が多くかかっても、一度建設してしまえば少ない原価で電力を生産し続けられるので、火力発電所より有益だ」と強調する金正日総書記（当時は書記）の言葉も掲載されている。北朝鮮には大小の川が多いから、これを利用しない手はないということだ。

朝鮮社会科学院経済研究所の李基成《リギソン》教授も一一年の私へのレクチャーで、「水力六に対し火力は四」と比率を語っており、北朝鮮当局が火力発電より水力発電を重視していることがうかがえる。構成比をみると、一〇年は水力が五六・八％で火力が四三・二％、一一年は水力が五七・二％で火力が四二・八％（韓国統計庁）なので、李教授の言うようにおおよそ六対四と言っていいだろう。

『我が国の水力資源』によれば、九二年の段階で北朝鮮にあった水力発電所は六四九カ所で、発電能力の合計は三二〇万八七三〇キロワット。今後、三一七六カ所（発電能力の合計は八六七万九六八〇キロワット）に発電所建設を計画しており、最終的な発電能力は一一八八万八四一〇キロワットになると推計していた。この中には総発電能力一〇万キロワット以上の大規模水力発電所が一二カ所含まれており、熙川発電所や金剛山発電所（後に安《アン》辺《ビョン》青年発電所と改称）の名前もある。これだけ電力を生産できるようになれば、北朝鮮の電力事情もずいぶん改善されるはずだ。これに火力も加われば、能力はさらに増える。

だが、いまのところ発電能力は七〇〇万キロワット台にとどまっている。それでも、九二年の約三二〇万キロワットに比べると、発電能力は倍以上に増えた。皮肉なことに、国連制裁決議が火力発電所の稼働を向上させているという指摘もある。制裁によって中国に輸出できなくなった石炭を火力発電の燃料として使用しているという。「各地の火力発電所では、一〇月八日現在前年比一万キロワット増の電力を生産した」（「朝鮮中央通信」一七年一〇月一一日）とも報じられた。一八年に入ってからも平壌火力発電所などで電力生産が増えていることが伝えられている。

一方で、北朝鮮は五四年、旧ソ連の協力で原子力開発を開始した。五六年には旧ソ連と「原子力研究協定」を締結。五九年には中ソと「原子力平和利用に関する議定書」に調印している。

原子力研究計画を決定したのは六一年九月の朝鮮労働党第四回大会だ。「原子力を生産として受け入れるための研究を行う」ようにとの金日成氏の指示を受けて、六〇年代半ばから寧辺《ニョンビョン》（平安北道）地区に総合的な原子力研究拠点が設けられた。平壌など各地にも原子力研究所、放射線保護研究所、放射性同位元素利用研究所などが建設された。六五年にはソ連から導入した実験炉が臨界に達した。七四年三月には最高人民会議（国会）第五期第三回会議で、「核エネルギーの平和利用のための研究、開発」をうたった原子力法を制定した。八五年一二月には核不拡散条約（ＮＰＴ）にも加盟した。一方で、北朝鮮は、黄海《ファンヘ》北道・平山《ピョンサン》地区などでウラン鉱山を開発するとともに、全国各地の連合企業所・工場を動員して原子力発電所の建設を進めてきた（「朝鮮中央通信」九二年四月一一日）。

北朝鮮で最初の実験用原子炉（出力五〇〇〇キロワット）は八六年、寧辺に建設された。この経験をもとに出力五万キロワットと二〇万キロワットの原子力発電所を建設中だった九二年一月、国際原子力機関（IAEA）の査察を受け入れることになった。北朝鮮側の説明によれば、「これらの発電所が完成し、外国との交流で建設される原子力発電所まで操業すれば、二〇〇〇年頃には原子力の総発電能力は数百万キロワットに達する」（「朝鮮中央通信」前述）とのことだった。

しかし、北朝鮮が建設していた黒鉛減速炉は、核兵器の原料となるプルトニウムを生産しやすかった。ならば、プルトニウムを生産しにくい軽水炉を提供してくれれば、黒鉛減速炉は解体する、ということで、米朝は九四年一〇月に軽水炉の提供に合意した。

なぜ軽水炉を望んだのか

「米国大統領の一九九四年一〇月二〇日付けの保障書簡に基づき、米国は二〇〇三年を目標時限とし、総発電能力二〇〇万キロワットの軽水炉を北朝鮮に提供するための措置を進める責任を持つ」

九四年一〇月二一日に締結された米朝枠組み合意の一項では、北朝鮮の黒鉛減速炉とその関連施設を軽水炉に交換するための協力措置が明記された。その冒頭で米国は、北朝鮮に軽水炉二基を〇三年までに提供する約束をした。一基目の納入まで年間五〇万トンの重油を供給することも盛りこまれた。軽水炉とは減速材に軽水を用いる原子炉で濃縮ウランが燃料に使われる。米国で開発され、世界的にも圧倒的シェアを誇る。

軽水炉提供を申し出たのは北朝鮮側だった。九三年三月に北朝鮮がNPTから脱退したのを受けて始まった米朝高官協議第2ラウンド（九三年七月一四〜一九日）で、黒鉛減速炉を軽水炉に交換することを提案。米国も賛成したことで、会談後の共同報道文に盛り込まれた。こんな内容だ。

「双方は、北朝鮮が現存の黒鉛減速原子炉と、それと関連した原子力施設を軽水炉に交換することが望ましいということについて認めた。米国は核問題の最終的な解決の一環として、軽水炉の解決が実現できるということを前提にしながら、軽水炉導入を支持し、そのための方法を北朝鮮とともに探求する用意を表明した」

北朝鮮はなぜ軽水炉を望んだのか。協議後に記者会見した姜錫柱《カンソクチュ》・外交部第一副部長（当時、一六年死去）は、「（軽水炉の導入提案は）共和国（北朝鮮）の非核平和政策の透明性にさらなる確証を与えるもので、われわれに核兵器開発の意向がまったくないことを示している」と述べている。北朝鮮が二〇一七年まで六回の核実験を実施したことからすると、北朝鮮が本当にこのように考えていたかどうかは検証を要する。しかし、逆に考えれば、「核兵器開発を思い止まらせたいなら軽水炉を提供せよ」と、米国に選択を迫ったとも今となっては受け止められる。

枠組み合意に則って九五年三月には朝鮮半島エネルギー開発機構（KEDO）が結成された。KEDOは軽水炉建設を担うことになったが大幅に遅れ、咸鏡《ハムギョン》南道・琴湖《クムホ》で軽水炉の土台工事が着工したのは〇二年八月だった。ところが同年一〇月、北朝鮮が高濃縮ウラン施設を建設していたことが発覚し、第二次核危機が勃発した。KEDOの重油提供中断を受けて、北朝鮮はNPTから再度脱退を表明。〇三年一二月、KEDOは軽水炉建設工事を正式に中断した。

北朝鮮外務省が声明を通じて「自衛のための核兵器製造」を宣言したのは〇五年二月。KEDOは翌〇六年五月、軽水炉プロジェクトの終了を正式に決定した。北朝鮮が初の核実験を行ったのは、この年の一〇月九日だ。

「一二年末までに一〇万キロワットの軽水炉発電所が完成する予定だ」。先述の李基成教授は一一年に私へのレクチャーでこう語っていた。だが、軽水炉が完成したという話は北朝鮮から伝わっていない。

慢性的電力不足の〝助っ人〟

「現在の発電（設備）能力は七〇〇〇万キロワットを超えるぐらいだ」

二〇一一年にレクチャーを受けた際、李基成教授はこう明かした。一三年には、訪朝した『週刊東洋経済』の福田恵介記者のインタビューに、「発電（設備）能力は七五〇万キロワットで、一一年には五〇三万キロワットの発電量を記録した」（『週刊東洋経済』一三年一〇月一二日号）と語っている。韓国統計庁の統計でも、発電能力は六〇〇万～七〇〇

図5-2　北朝鮮の発電能力（2010～16年）

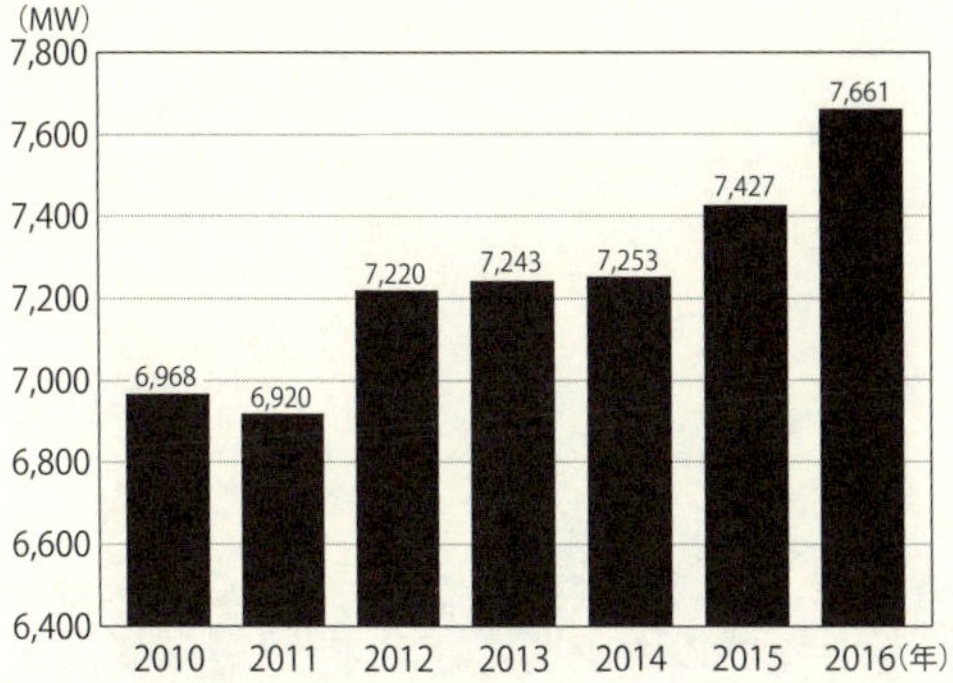

出典：韓国統計庁「北朝鮮統計」

万キロワット台だ。北朝鮮の発電能力が徐々に上がっていることは、図5-2でも明らかだ。

先のレクチャーで李教授は、「わが国では一貫して水力発電が基本だ」としながらも「水力（発電）と火力（発電）の比率は六対四」、電力供給を増やすための対策として、「風力、太陽光、原子力、潮力などのエネルギーを配合している」と述べていた。実際、〇八年に風力・太陽光発電所を見かけた。西海岸の港湾都市、南浦《ナムポ》市・嶺南《リヨンナム》のドックでは、風力・太陽光発電所を使って自家発電を行っていた。

このように、北朝鮮では自家発電で電力を解決する工場や企業所が少なくない。私の定宿だった

電力不足を補うのに風力、太陽光発電が人気

平壌ホテルでも自家発電を行い、停電した際にはそれを稼働させていた。慢性的な電力不足を補うため、最近では、一般市民の間でも太陽光発電が普及し、平壌ではソーラーパネルを取り付けたアパートも目立つという。

ロイター通信は、「北朝鮮に最近渡航した人の話やロイターが入手した写真からは、平壌などの都市部で高層アパートのベランダや窓に取り付けられたソーラーパネルが増えていることもうかがえる」「北朝鮮に関する正確な統計を得るのは難しいが、同国市街地を最近撮影した一連の写真からは、都市型アパートのおよそ一〇〜一五%がベランダや窓にソーラーパネルを取り付けているように見える」(「ロイター通信」一五年四月二二日)と報じた。同通信によれば、都市部のみならず、農村部でも設置が確認されたという。

携帯電話にノートパソコン、テレビやDVDプレイヤーなどは北朝鮮の人々にとっても、もはや欠かせない家電となっている。それを動かすにも電気が必要だ。太陽光発電は徐々に市民権を得てきている。

太陽光発電の国産化も始まっている。北朝鮮の最高学府、金日成総合大学で太陽光エネルギーを利用した製品生産の工業化に成功したと国営「朝鮮中央通信」が伝えたのが一六年三月三日。以来、大型バスや遊覧船などの建造、平壌ナマズ工場での利用などが報じられている。金日成総合大学には太陽光電池製作所も作られた。「大量生産できる工程も完備された」（「朝鮮中央通信」前述）というが、実際にはまだまだで、北朝鮮で出回っている太陽光パネルの大部分は中国製だ。北朝鮮の市場では二〇ワットの太陽光パネルが三〇ドルで取引されているという（「中央日報」日本語版・電子版、一六年三月八日付）。

果たして太陽光発電は、慢性的電力不足の〝助っ人〟となるだろうか。

平壌専用の熙川発電所

金正日総書記が建設を直接発議し、何度も現地指導に訪れた熙川《ヒチョン》発電所。

私も一〇年九月と一一年八月の二度、現場を訪れた。北朝鮮が総力をあげて建設していた水力発電所で、慈江道の道都、江界《カンゲ》市へと流れる長子《チャンジャ》江（龍林《リョンナム》郡）流域と清川《チョンチョン》江（熙

北朝鮮が国家を上げて建設に取り組んだ熙川2号発電所（慈江道）

川市）流域に建設された。〇一年に一度着工したが、経済難などを理由に放置されていた。〇九年三月に工事を再開。三年後の一二年四月に操業を開始した。建設には大勢の朝鮮人民軍兵士が動員された。軍服を着た現場責任者の説明によれば、一号と二号で計三〇万キロワットの電力生産が可能とされた。

熙川発電所の電気は平壌に直接送られている。いわば「平壌専用の発電所」だが、「発電機（一つの号に三台の計六台）を動かすための動力と途中の漏電でマイナスされる分を計算すれば、平壌に来るのは二一万キロワット程度だろう」という冷めた見方をする人も現地にはいた。これまでも大規模発電所が建設されてきたが、電力事情はいっこうに改善されない。市民はあまり期待していないようだった。確かに近年、熙川発電所についてはまったく聞かれなくなった。

　発電所の建設は二段階にわけて行われた。第一段階は本体。第二段階は清川江《チョンチョン》階段式発電所。同発電所の着工は一三年一月で、一五年一一月に竣工した。清川江の流れに沿って全長七七キロメートルの区間に設置された一〇個の中小型発電所で成り立っている。別名「熙川発電所三〜一二号機」。総出力一二万キロワットなので、熙川発電所全体の発電力は四二万キロワットになる。

　北朝鮮側の説明によれば、ここで生産される電気もすべて「直通の送電線を通じて平壌に送られる」（「朝鮮新報」朝鮮語版・電子版、一四年一二月一一日付）。

　近年、平壌には万寿台《マンスデ》地区の倉田《チャンジョン》通りや未来科学者通り、黎明《リヨミヨン》通りなどのニュータウンが続々誕生している。新築のタワーマンションや商店、レストランなどが立ち並ぶ通りは、夜になると色とりどりのネオンが輝く。平壌っ子たちの自慢の一つがこの〝夜景〟だ。でも、美しい夜景を維持するには電力が必要だ。「熙川発電所のおかげ」とされるが、地方が置き去りにされているということでもある。

中国は本当に石油輸出を中止したのか

「中国が北朝鮮への石油供給を完全に停止、あるいは中朝国境を封鎖した場合でも、北朝鮮によるさらなる核実験やミサイル発射を阻止できるかどうかは不透明。むしろ、両国間の対立が起きる可能性が高い」

「そうなれば、中朝の対立は米朝間の対立を超えるものになり、朝鮮半島の中心的な問題となるだろう。これにより米国と韓国は北朝鮮核問題の責任を堂々と中国に転嫁することが可能になり、中国の国益にそぐわない状況となる」

中国共産党機関紙「人民日報」系列の「環球時報」は一七年九月三日付でこう指摘した（北京・ロイター、一七年九月三日）。

それから約一週間後の一一日、国連安保理は北朝鮮による六回目の核実験を受けた制裁決議を採択した。同決議では石油が初めて制裁対象となった。米国が示した当初案では全面禁輸としていたが、最終的にはガソリンなどの石油精製品は二〇〇万バレル、原油は四〇〇万バレル（現行）の対北輸出上限が設定された。

統計上では、中国による北朝鮮への原油輸出は二〇一三年が最後だが、その後も非公式に続いているのではないかとされる。全面禁輸ではなく輸出上限が設けられたのも、米国と中国が互いに譲歩したためだった。そんなこともあってか、中国商務省は二三日からコンデンセート（超軽質原油）と天然ガス液（ＮＧＬ）の輸出を禁止。一〇月からは石油精製品の輸出を制限した。「輸出上限に近づけば禁輸にする」とも表明した（「時事通信」一七年九月二三日）。

制裁の影響はすでに出ていた。関係筋によると、一七年九月のガソリン代は一五キログラム（約一九リットル）当たり三〇ドル。クーポン一枚で一五キログラムと交換できるが、供給が制限されクーポン一枚しか売ってくれなくなっていた。同じころ、ガソリンスタンドのある従業員はAFP記者に「昨日は（一キロ）一・九〇ドルだったが、今日は二ドル」「価格はさらに上がっていくだろう」と語っていた（AFP＝時事、一七年九月二四日）。

ガソリンの値上がりでいつもあおりを食うのは車の運転手たちだ。近年では運送業なども盛んだから、そうした人々にとっては死活問題でもある。一方で、北朝鮮では慢性的に石油や石油精製品が不足していたのも事実。〇八年夏に訪朝した際にもちょうど原油高騰の影響がもろに出ていた。「せっかく少し楽になると思ったら、原油価格の高騰でまた痛めつけられるのか」と、ある運転手は嘆いていた。

北朝鮮に滞在中、基本的に日曜日は「ノーカーデー」だった。平日の午後六時半以降も特別な場合を除き車の運転は禁止だった。一一年夏の訪朝時にも、九月から突如「夜間運転禁止令」が発令され、午後六時半以降、夜間通行許可証がなければ車は走れなかった。

中国が本当に北朝鮮への石油輸出を禁止したかどうかは分からない。ただ、一二年に中朝国境地帯の両江道《リヤンガンド》でガソリンを売る中年女性に遭遇したことがある。平壌や地方の大都市とは異なり、地方の小都市でガソリンスタンドを見かけることはまれだ。車の運転手はガソリンが切れてしまった場合はどこで調達するのだろう？　と疑問に思っていた。ところが、あったのだ。中年の女性が自宅から缶に入ったガソリンを持ってきて、車に入れていた。そんな家がいくつかあるようだった。

「朝日新聞」記者が取材した両江道出身の脱北者によれば、国境を流れる鴨緑江近くの一帯は「密輸村」と呼ばれ、一〇〇世帯以上が密輸に携わっていた。中国側は薬草や金属、北朝鮮側は金、コメ、ガソリンなどを要求したという（「朝日新聞」一七年九月一三日付）。私が目撃した女性が密輸に関わっていたかどうかは分からない。ただ、取引は中国元で行われていた。

一七年一一月のＩＣＢＭ「火星15」発射実験を受けて、同年一二月に採択された国連安保理の追加制裁決議では、石油精製品の輸出限度を年間五〇万バレルに制限した。北朝鮮への輸出の約九〇％を占める。

米国のトランプ大統領は一八年六月一二日の米朝首脳会談で、北朝鮮の金正恩朝鮮労働党委員長にある映像を見せた。真っ暗な北朝鮮が煌々《こうこう》と輝きだす姿を再現したものだ。「核を放棄すれば、こんな明るい未来が待っているのだよ」というトランプ大統領のメッセージを、金委員長はどう受け取っただろう。

第六章　南北経済協力と文《ムン》在《ジエ》寅《イン》政権

七〇年代に逆転した南北の経済関係

「韓国政府は北の訪問者たちを最近開通した高速道路のドライブに連れ出した。高速道路はソウルから半島を南にずっと下り釜山《プサン》まで通じていた。交通量を普段より多くするため、ソウルの住民は行き先がなくても車で高速道路を走るよう要請された。そして交通運輸会社は高速道路沿いのところどころに大型トレーラーを走らせるよう求められた。北の訪問者たちはこの車両動員の情報をかぎつけたらしい（このたぐいの動員は平壌では当たり前である）。そこで彼らは南代表団の責任者の一人に、繁栄を強調するために『国中の自動車をみんなソウルに集めた』のは成功でしたねと、祝福の言葉を贈った。『たいへんでしたよ。でも高層ビルを全部集めてみなさんにお見せするほどむずかしくはありませんでしたがね』と南の責任者は切り返した」

一九七二年七月四日、北朝鮮と韓国は分断後初となる共同声明（「七・四南北共同声明」）を発表した。その二カ月後の九月に北朝鮮代表団が韓国を訪問した際のエピソードだ。米ワシントン・ポスト元記者で著名なジャーナリストのドン・オーバードーファー氏の著書『二つのコリア［特別最新版］』（菱木一美訳）に紹介されている。韓国が、自国の経済成長ぶりをいかに北朝鮮に誇示しようとしていたかがうかがえる。

南北双方が互いに主導権を握ろうとし烈な競争を繰り広げていたことが背景にあったが、北朝鮮の高官は予想以上の韓国の発展ぶりを目の当たりにしてがく然としたに違いない。

いまではまったく想像もつかないが、六〇年代までは北朝鮮が経済的に韓国を上回っていた。しかし、七〇年代に入ると、南北の経済関係は逆転する。最大の理由は、北朝鮮が六〇年代から軍拡路線を選択したことだった。北朝鮮はキューバ危機（六二年一〇〜一一月）やトンキン湾事件（六四年八月）を受けて、経済建設と国防建設を同時に推し進める「並進路線」を選択した。同時に推し進めるといっても、目的は国防力の強化にあった。

その結果、六一年から始まり六八年に終了する予定だった第一次七カ年経済計画の完遂は、二年遅れの七〇年に持ち越された。当時、北朝鮮の国家予算に占める国防費の割合は三割を占めていた。「電力事情が緊張し今年上半期の計画を一部遂行できなかった」。金日成氏は六九年一〇月二七日の演説で、こんな弱音を吐いていた。

逆に韓国はベトナム戦争特需、日韓国交正常化に伴う円借款などで高度経済成長期に入っていた。韓国では六〇年代後半から七〇年代初めにかけて実施された第一、二次経済開発五カ年計画により、①輸出促進、②新興財閥の台頭、③急速な外資導入が進み、高度成長期を迎えていた。

韓国経済が専門の朴根好氏の著書『韓国の経済発展とベトナム戦争』によれば、韓国の急速な経済発展を支えた要因としては、韓国軍のベトナム派兵に対する見返りとしての米国からの有償・無償の恩恵や、日韓国交正常化がなされた日本からの借款導入などがあった。

こうした中、七一年七月一五日にニクソン米大統領の訪中が発表されたのを受け、北朝鮮と韓国は朝鮮戦争停戦以来一八年ぶりに対話の席についた。七一年八月から赤十字協議を始め、七二年七月四日には南北共同声明が発表された。南北間の緊張緩和を受けて、北朝鮮の七二年の国家予算に占める国防費は前年比一四・一%減の一七%にまで削減され、その後も同水準を維持した。米中接近によるデタントの流れは南北対話を促したが、この過程で北朝鮮の高官が韓国の発展ぶりを見せつけられたことは先述したとおりだ。

韓国の高度成長を目の当たりにした金日成主席は七三年の「新年の辞」で、「現代的な大冶金基地と総合的な大化学工業基地を建設する」ことを課題に加えた。そのために日本やオーストラリア、英国やフランスなどからプラントを導入した。西側からのプラント導入によって北朝鮮の対外経済政策の対象が西側にも広がりを見せつつあったが、それを妨げたのが七三年の第一次オイルショックだった。

オイルショックによって、先進国の経済はインフレと景気後退が同時に発生するスタグフレーションに突入した。プラント代金は高騰し、逆に北朝鮮の主要な輸出品である非鉄金属の価格は下落した。北朝鮮はプラント代金を支払えず債務不履行に陥った（今村弘子『北朝鮮「虚構の経済」』）。

南北の経済格差が広がることに、北朝鮮の指導部は焦りを感じていた。金正日書記（当時）は八四年二月一六日の演説で、南北間には「経済戦」が存在し、それは「厳しい階級闘争」だと述べていた。「経済面でも南朝鮮（韓国）を圧倒し完全に抑えつけなければならない」。金書記は党幹部にこう発破をかけたが、債務不履行に陥った北朝鮮が経済を立て直すには外資を導入するほかなかった。

きっかけは水害支援

一九八四年九月八日は北朝鮮当局が二つの大きな決断を下した日だ。一つは、「合弁法」の採択・公布。国内に初めて外資を導入する形で門戸を開放するものだった。もう一つは、水害で被災した韓国民に救援物資を送る決定をしたことだ。韓国がこの提案を受け入れたことで、分断史上初めて北朝鮮から韓国への水害支援が実現した。

北朝鮮当局には、水害支援をきっかけとして南北対話を推進し、韓国との経済合作・交流につなげようとの狙いがあった。水害救援物資が韓国に到着した後の一〇月三日、北朝鮮赤十字会の孫成弼《ソンソンピル》委員長は「今回の出来事が北と南の間の多方面的な合作と交流を実現する契機になることを願う」、「経済分野でも資源を共同開発し相互協力と交流を実現するための双方の接触と対話を実現すべき」だとはっきり述べていた。

実際、この水害支援がきっかけとなって、同年一一月には分断後初となる南北経済会談が開かれた。経済会談で北朝鮮側は一〜二年以内に実施すべき経済合作事業として、①地下資源の共同開発、②漁業分野での合作、③農業分野での合作の三点を提案した。②では「水産合弁会社」の設立も提案しており、北朝鮮側には韓国側と合弁事業を進める考えがあったことが読み取れる。しかし、八五年一一月二〇日まで五回行われた経済会談は、結局、合意に至ることなく終了した。南北経済協力の本格的な幕開けは、三年後まで待たなければならなかった。

八八年七月七日、盧泰愚大統領は「民族自尊と統一繁栄のための大統領特別宣言」を発表した。「七・七宣言」と呼ばれ、盧政権の統一外交政策の基本方向を示したものだった。対共産圏外交政策（「北方政策」）と南北関係改善を同時に進めようとする盧政権の考えが反映されており、南北の政治家や経済人を含むすべてにわたる相互交流の推進と「民族経済」を発展させることなどを提唱していた。

韓国がソ連や中国といった社会主義国との国交正常化を目指すことを明記（ソ連とは九〇年九月三〇日、中国とは九二年八月二四日に国交を正常化）し、北朝鮮についても米国や日本との関係改善に協力する用意があると指摘していた。

同年一〇月七日には、「対北交易関連措置」が発表される。同措置は南北交易（貿易）を全面的に解禁するもので、①民間商社（企業）の南北物資交易、②第三国を通じた仲介貿易の許可、③南北経済人の相互訪問・接触の許可、④海外旅行者の北朝鮮商品搬入の許可、⑤交易を通じて韓国内に搬入される北朝鮮物資の原産地表示及び北朝鮮商標取付と北朝鮮船舶の入港の許可、⑥安全出港の保障、⑦直接・間接交易を民族内部交易と見なし関税など免除、という七項目の内容を含んでいた。

韓国財閥の大宇は、同措置に応じて八八年一一月、陶磁器など北朝鮮の物品搬入の許可を得る。一二月末まで四件の搬入が承認された。こうして八九年から南北交易が本格的に始まった。ちなみに、韓国と北朝鮮の経済関係は、国家間の経済関係ではない特殊な経済関係にあるため、貿易ではなく交易という言葉が使われる。

図6‐1は八九年度から九三年度までの南北交易額を示したものだが、九〇年度に若干の落ち込みを見せた後、九一～九二年度に急激な伸びを示し、さらに九三年度にも引き続き伸びていることが分かる。

初期には海外の仲介商人を通じて間接的に行われてきたが、九〇年代半ばからは漢方薬材、農産物、委託加工貿易といった品目を中心に、南北の当事者が直接契約を結んで取引

図6−1　南北交易額合計（1989～93年度）

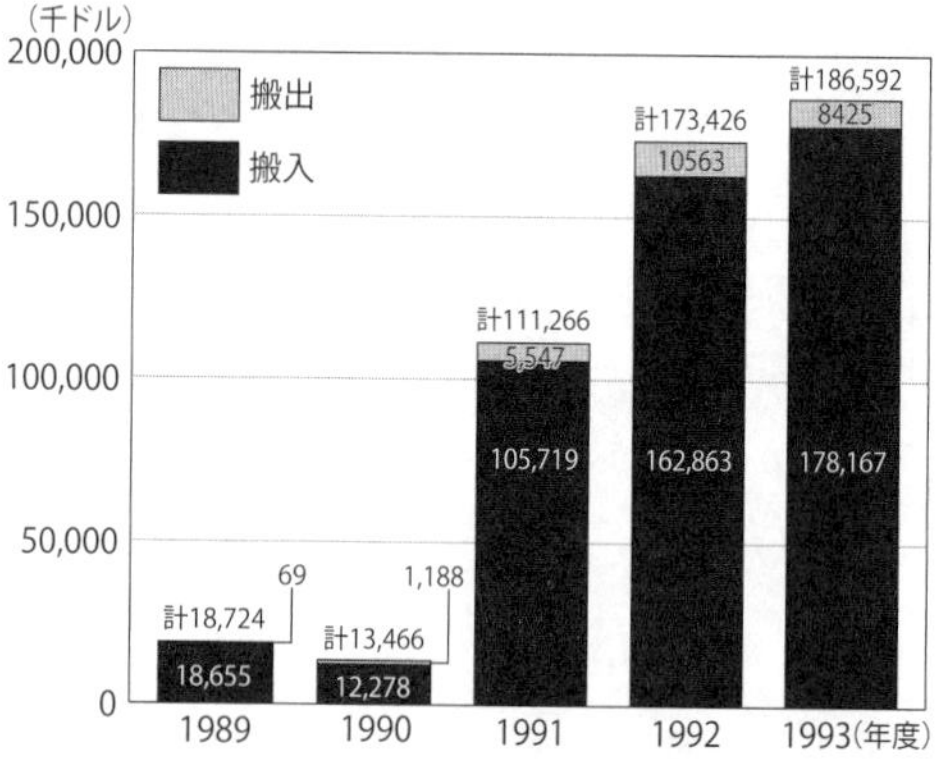

出典：キム・ギフン 2015 pp.15-16に掲載された年度別南北交易額をもとに筆者作成。搬出・搬入は韓国から北朝鮮に対する額

する直接交易の比率が増えていった。八八年の南北交易解禁が影響していたことは明らかだ。

さらに、北朝鮮は九一年五月、それまでの「一国家」という方針を放棄して南北国連同時加盟の決断を下す（加盟自体は同年九月一七日）。国連同時加盟は、朝鮮半島に「二つの国家」が存在することを北朝鮮が事実上認めた歴史的な出来事だった。北朝鮮は、一国一制度による統一を放棄し、南北は平和共存へとシフトしていくことになった。

盧泰愚政権時代には南北高位級会談代表として北と渡り合い、金大中政権時代には統一部長官などを務めた元軍人の林東源《イムドンウォン》氏が著書『ピースメーカー』の中で興味深いエピソードを記している。少し長くなるが邦訳版の『南北首脳会談への道』（波佐場清訳）から紹介しよう。

林氏によれば、金日成主席は九一年一〇月四〜一三日の訪中時、鄧小平氏ら中国の指導層から三つのことを求められたという。①北朝鮮も中国のように社会主義を維持しながら開放と経済改革を推進するのが望ましい、②外国の資本と技術を導入しようとするなら平和な環境が必須で、早急に南北の協議を妥結させる、③米国の核兵器撤収を機会に北朝鮮の核開発疑惑も解消する――という内容だった。金主席は帰国直後の一〇月一六日、政治局会議を招集し、南北協議の早急な妥結、非核化の合意、経済特区の設置について決断を下した。米国との関係改善を最優先課題とし、そのために核問題を対米交渉カードとして使う「戦略的決定」を下したのであった。

林氏はこの話を九一年一一月初めに訪韓した中国のある北朝鮮専門家から聞き、上部に報告したと著書で記している。その後の展開は林氏が聞いた情報どおりとなった。

もはや世界には社会主義市場がないのだから、貿易を社会主義的方法で行ってはならず、資本主義市場に進出して貿易で転換を起こすべきだ――金主席は九一年一一月、党や政府の経済官僚らを前にこう力説した。

「貿易の社会主義的方法」とは、バーター貿易、友好価格の適用、ルーブル決済などだ。第一章でも述べたように、ソ連・東欧社会主義体制の崩壊で北朝鮮は社会主義市場を失った。北朝鮮は経済の自立を唱えながらも、実際にはソ連や中国から原油などを低価格の友好価格で提供してもらっていた。自国にないものを融通し合うバーター貿易も対外経済関係の中心を成していた。社会主義市場の喪失は、それらを一挙に失うことを意味した。

社会主義の崩壊という予期しなかった出来事を前に、金主席は途方に暮れたに違いない。援助を申し入れるために訪れた中国では、鄧氏ら指導部の面々から経済改革・開放を促され、南北関係改善と核開発疑惑の解消を求められた。どうすればこの危機を打開できるのか。冒頭の発言からは、そんな金主席の切迫した思いが伝わってくる。

九一年一二月には、「南北間の和解と不可侵および交流・協力に関する合意書」と「朝鮮半島の非核化に関する共同宣言」が採択された。南北合意書には「経済協力と交流の実現」が含まれた。北朝鮮は初の経済特区を最北端の羅津・先鋒に設置した。

こうした動きは、北朝鮮が韓国との協力で経済再生を図る戦略に転じたことを示していた。南北関係改善を背景に米韓合同軍事演習の中止が発表され、北朝鮮は国際原子力機関（IAEA）の核査察を受け入れるなど、朝鮮半島を取り巻く環境は緊張緩和へと向かうかのように見えた。

しかし、九三年になると状況は一変する。同年二月にIAEAが核兵器開発疑惑のある施設の特別査察を要求すると、北朝鮮はこれを不服として核不拡散条約（NPT）からの脱退を表明した。こうして第一次核危機は勃発した（第七章で詳述）。
カーター元米大統領が訪朝して金主席と会談したことで危機は回避されたが、その直後の九四年七月八日に金主席は死去した。韓国政府が北朝鮮に弔問に行こうとする韓国民を阻んだことから南北の政治的関係は悪化した。

図6-2　南北交易額（1994～99年）

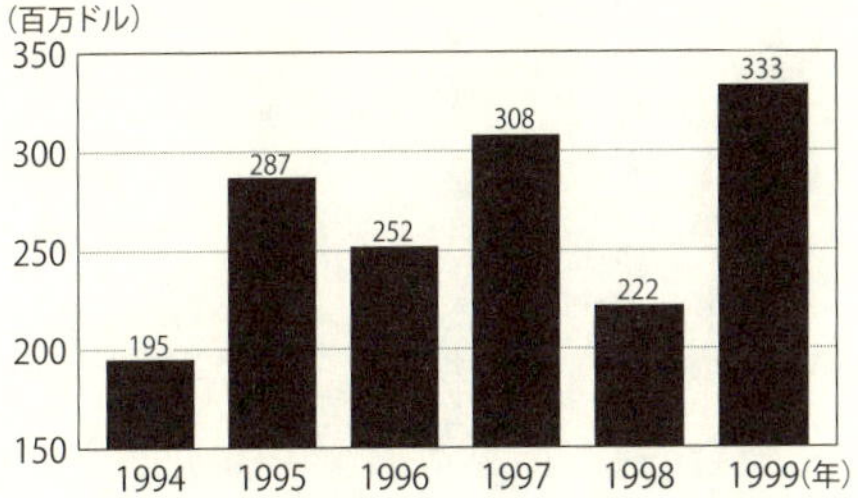

出典：韓国統一部統計資料

一方、米朝間では同年一〇月、核開発放棄と引き換える形での北朝鮮への軽水炉提供や米朝関係改善の推進などを骨子とする枠組み合意が締結された。一ヵ月後の一一月、韓国政府は企業家や技術者の北朝鮮訪問を許可することなどをうたった「南北経済協力活性化方案」を発表する。同方案に沿って九五年には韓国の六つの企業に「協力事業者承認」が与えられ、すでに「協力事業者承認」が与えられていた大宇には投資承認が与えられた。

図6-2は九四年から九九年までの南北交易額を示したものだ。九四年には一億九五〇〇万ドルであったのが、翌九五年には二億八七〇〇万ドルと大幅に増加した。九六年には二億五二〇〇万ドルと微減しているものの、九七年に

は三億八〇〇〇万ドルに増加。九八年には二億二二〇〇万ドルと再び減ったが、九九年には三億三三〇〇万ドルと、三億ドル台に回復した。

この時期、北朝鮮は建国以来かつてない経済的苦境に陥っていたが、南北の経済協力関係は進展していた。このような動きは、分断後初の南北首脳会談を契機とした経済協力の活性化へとつながっていく。

二つの首脳会談と経済協力

一九六一年八月一三日、東ドイツは突然、東西ベルリン間の通行を遮断し西ベルリンの周囲を有刺鉄線で囲った。後にそこにはコンクリートの壁が作られた。「ベルリンの壁」だ。八九年秋の東欧社会主義崩壊に伴う混乱のさなか、同年一一月九日の夜、その壁は崩壊した。

ベルリンの壁を含むすべての国境通過点から出国が認められると東ドイツ政府が発表したことから、多くの東ベルリン市民が壁の前に押し寄せたため、現場指揮官が国境ゲートを開放したのだった。翌一〇日に壁は重機などによって破壊された。

長らくドイツ分断の象徴、東西冷戦の象徴であり続けた「ベルリンの壁」の崩壊から一〇年余りが過ぎた二〇〇〇年三月九日、韓国の金大中大統領はベルリン自由大学で演説した。

「地球上で最後に残っている朝鮮半島の冷戦構造を解体し、恒久的な平和と南北間の和解・協力を成し遂げたいと思い、次のように宣言する」という前置きで始まる演説で、金大統領は北朝鮮に対して四項目の提案を行った。「ベルリン宣言」と呼ばれるこの提案には、①政府レベルでの対北朝鮮経済協力、②冷戦終結と平和の定着、③離散家族問題の解決、④南北当局間の対話実現などが盛り込まれた。

南北間では同年初めから首脳会談に向けた実務交渉が水面下で進められていた。金大統領がベルリンで演説する前日の三月八日にはシンガポールで南北の実務者が秘密裏に接触していた。金大統領は「ベルリン宣言」の要旨を事前に板門店経由で北朝鮮側に伝えていた。

北朝鮮にとって何よりも魅力的だったのは、同宣言の一項目に記された経済協力に関する内容だったに違いない。金大統領は「わが大韓民国政府は北朝鮮が経済的な困難を克服できるよう、支援する準備ができている。本格的な経済協力を実現するためには、北朝鮮の道路、港湾、鉄道、電力、通信など、インフラが拡充されなければならない。このようなインフラの拡充と安定した投資環境づくり、そして農業構造の改革は、これまでの民間協力方式だけでは限界がある。いまこそ政府当局間の協力が必要なときだ」と、経済協力

初めて行われた南北首脳会談での金正日総書記（左）と金大中韓国大統領（2000年6月15日、共同）

を民間レベルから政府レベルに引き上げる提案を行った。北朝鮮側から要請があれば、積極的に検討するとも呼びかけた。

インフラの拡充や農業構造の改革は北朝鮮が最も望むものだった。韓国の民間企業にとっても、政府の保証があれば安心して北朝鮮に進出できた。「ベルリン宣言」発表から三ヵ月後の六月、分断後初の南北首脳会談が平壌で実現した。

金正日総書記と金大中大統領との間で行われた首脳会談では、①和解と統一、②緊張緩和と平和、ならびに③南北の交流協力、④離散家族の再会といった四つの議題が話し合われた。首脳会談を通じて発表された五項目の共同宣言（「六・一五共同宣言」）には、経済協力を通じて南北双方の経済を合わせた「民族経済」を発展させることが明記された。「民族経済」という言葉は、かつて金日成主席が八五年の「新年の辞」で強調し、その後、「七・七宣言」や南北基本合意

図6-3　南北交易額（2000～09年）

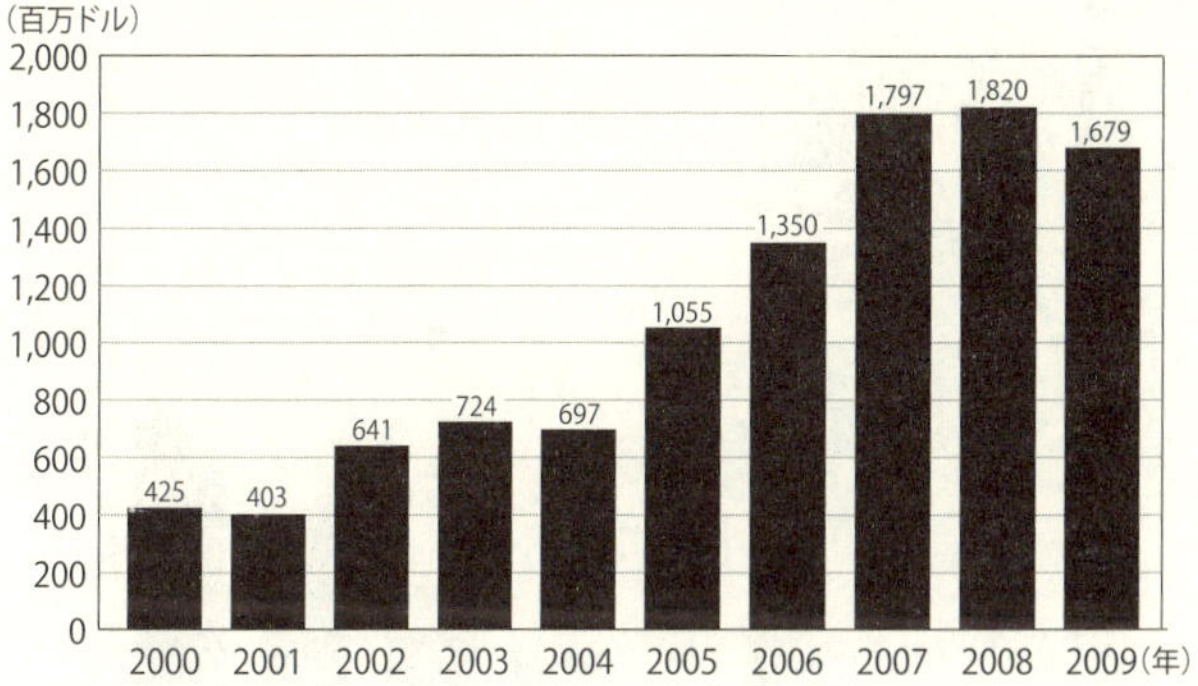

出典：韓国統一部統計資料

書にも盛り込まれた。「民族経済」は南北間でコンセンサスを得た言葉だった。

首脳会談を機に、経済協力関係は飛躍的に発展していった。図6‐3は二〇〇〇～〇九年の南北交易額を示したものだが、右肩上がりであることが分かる。〇五年に一〇億ドルを突破。その後も着実に伸び、〇八年には一八億二〇〇〇万ドルに達した。

図6‐4は〇四年からの南北経済協力（内訳は開城工業地区、金剛山観光、その他の軽工業協力）とそれが全交易額に占める割合を示したものだ。南北経済協力部門の交易額、全体の交易額に占める割合は共に毎年増加していることが分かる。特に全体の交易額に占める割合の増加が顕著だ（南北経済協力のなかでも、金剛山観光事業と開城工業団地の開発が最も象徴的な事業だったが、それにつ

図6-4　全交易額に占める経済協力交易額の割合（2004〜09年）

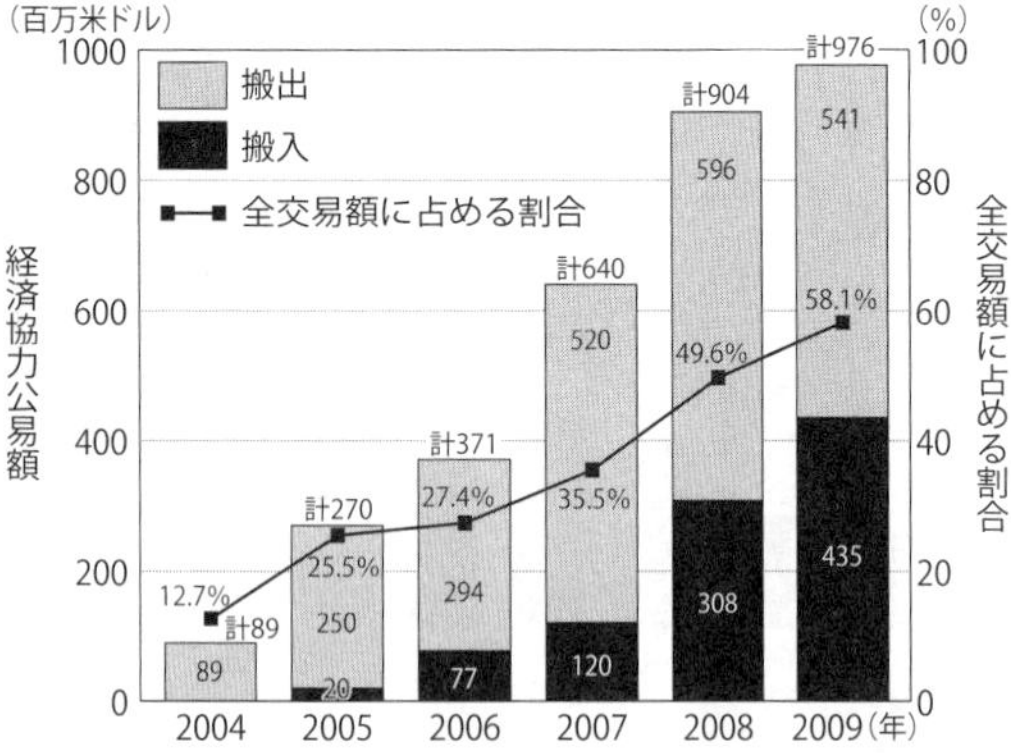

出典：韓国統一部統計資料、割合は筆者計算による

いては次項で述べる）。

このように経済協力で実績が積まれていくなか、盧《ノ》武《ム》鉉《ヒョン》政権末期の〇七年一〇月に、金正日総書記と盧武鉉大統領による二回目の南北首脳会談が行われた。首脳会談を通じて発表された「南北関係発展と平和繁栄のための宣言」（「一〇・四宣言」）では、次のような六項目の措置が明記された。

①インフラ建設や資源開発の推進、②海州《ヘジュ》（黄海《ファンヘ》南道の道都）地域と周辺海域を包括する「西海（黄海）平和協力特別地帯」の設置、③開城工業地区建設の推進、④共同利用を目的とした開城―新義州鉄道と開城―平壌高速道路の改修・補修の推進、⑤安辺と南浦への造船協力団地の建設と農業、保健医療、環境保護など各分野での協力事業遂行、⑥経済協力推進委員会の経済協力共同委員会への格上げ――という内容だ。

金大中、盧武鉉と二代続いた対北融和派政権下で順調に進んできた経済協力事業をさらに活性化し持続的に拡大発展させるために、二回目の首脳会談ではより具体的かつ踏み込んだ合意内容になっていた。北朝鮮が相変わらずインフラ整備に力点を置いていたことも読み取れる。このまま経済協力関係がうまく進んでいれば、南北関係は違った構図になっていたかもしれない。

しかし、同年一二月の大統領選挙で北の先核放棄を主張する保守派の李明博《イミョンバク》候補（ハンナラ党）が当選し、そのプランは宙に浮いてしまった。

金剛山観光と開城工業団地

北朝鮮の東海岸に位置する港町元山《ウオンサン》（江原道《カンウオンド》）。かつては新潟との間で貨客船「万景峰《マンギヨンボン》92」号が行き来していたことでも有名だ。その元山に帰国事業で日本から北朝鮮に渡った元在日朝鮮人が経営する食堂がある。「カルメギ（かもめ）食堂」という愛称で、北朝鮮を訪問する在日たちにも親しまれている。メインは焼肉と新鮮な海の幸の料理。なにしろ目の前には大海原が広がっている。その日に獲れたおすすめの魚介類で作ってくれる刺身やスープは絶品だった。

「万景峰92」号が行き来していた頃は、乗船前に食べていく在日コリアンで超満員だった。

私も平壌特派員時代に金剛山へ取材に行く際には必ず立ち寄った。元山は金剛山への玄関口になっていたからだ。

〇三年六月末、朝鮮戦争で生き別れになった離散家族の再会を取材するために金剛山に向かう途中、同食堂に立ち寄った時のこと。「二、三日前に鄭夢憲《チョンモンホン》会長が来ていた」と店の人から聞いた。夢憲会長は現代財閥の創始者、鄭周永《ジュヨン》氏の五男。〇一年三月二一日に死去した周永氏の後を継いで、現代グループ会長に就任した。夢憲会長は金剛山観光事業や開城工業団地事業などに積極的に関与した。〇三年六月末の開城工業地区建設着工式にも出席し、挨拶もしている。

事業を推進する過程で北朝鮮とも太いパイプができたが、五億ドルの対北秘密支援問題が浮上し、検察の事情聴取を受けていた最中の〇三年八月四日に投身自殺した。「カルメギ食堂」に立ち寄ったのは、自殺する二カ月前のことだった。

もともと金剛山観光事業を始めたのは、父の周永氏だ。九八年一〇月に訪朝した際、金正日総書記に直談判して事業許可を得た。同年一一月から現代グループ傘下の現代峨山《アサン》が事業主体となって始まった。彼の故郷は江原道通川《トンチョン》。故郷に錦を飾りたかったのかもしれない。周永氏は九八年一〇月二七日、五〇一頭の牛を連れて板門店経由で北朝鮮を訪問した。なぜ五〇〇頭ではなく五〇一頭だったのか。

貧しい家庭で育った周永氏は一七歳の時に家出をする際、父が周永氏の姉を嫁がせるために牛一頭を売って作った支度金を盗んだ。その後、苦労の末に一大財閥を築いた周永氏だったが、牛一頭分のお金を盗んだことへの自責の念と親不孝をしたという思いは消えなかった。一頭の牛には、そんな彼の思いが込められていたとされる。

周永氏の念願がかなって実現した金剛山観光事業では、どれだけの韓国人観光客が訪れたのか。年別の観光客数を示した表6-1で見てみよう。

観光が始まった九八年一一月から〇〇年までの二年二ヵ月で三七万人を超えていた。〇二年一一月には金剛山観光地区が正式に設置される。〇四年には前年の三・六倍に急増し、その後もコンスタントに増え続け、〇八年七月に中断するまで延べ一九三万人が訪れた。開城への観光客も〇五年一四八四人、〇七年七四二七人、〇八年一〇万三一二二人。一年で一三・八倍に増えている。

表6-1　韓国からの金剛山観光客数

年	人数（人）
1998～2000	371,637
2001	57,879
2002	84,727
2003	74,334
2004	268,420
2005	298,247
2006	234,446
2007	345,006
2008	199,966

出典：韓国統一部統計資料

観光客の数が〇四年から大幅に増加したのは、〇三年二月から海路に加え陸路による観光が始まったからだ。図6-5は、陸路観光が始まった〇三年から観光が中断する〇八年までの、海路と陸路の観光客数をそれぞれ示したものだ。〇三年こ

図6-5　金剛山観光客・陸路と海路の人数

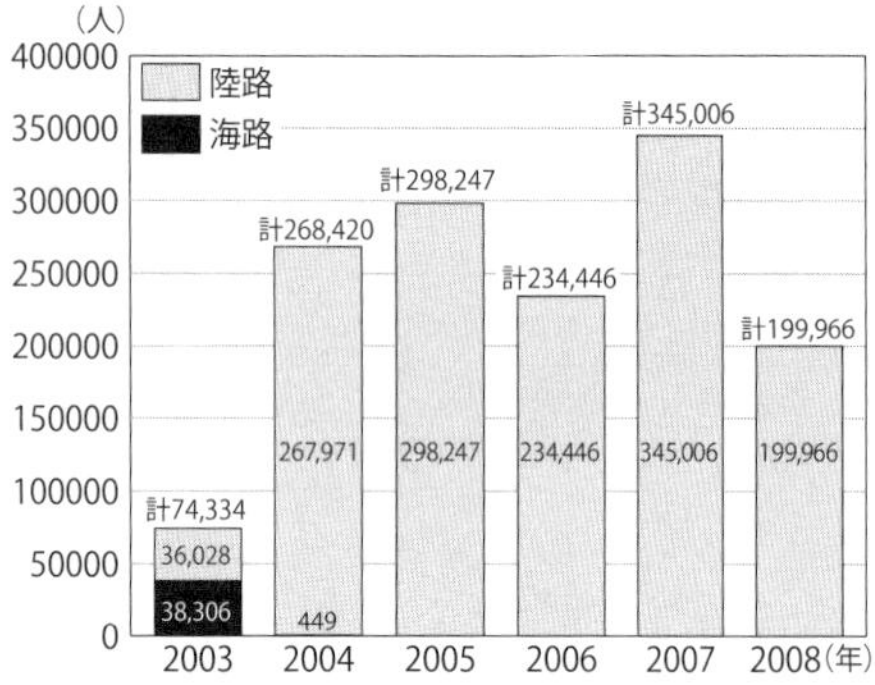

出典：韓国統一部統計資料

図6-6　開城工業団地の北朝鮮労働者数推移
（2005〜09年）

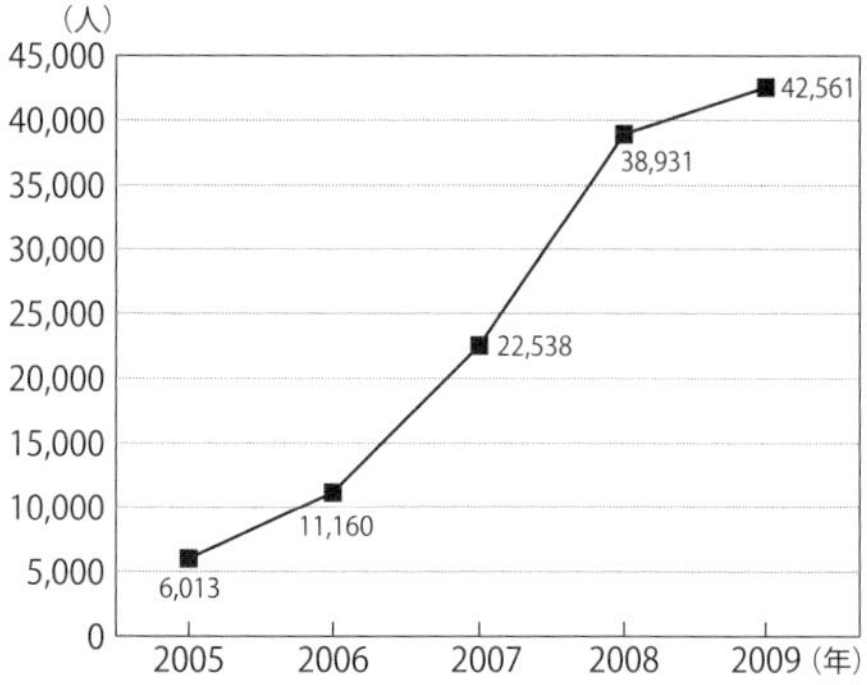

出典：韓国統一部統計資料。各企業に所属する労働者数。
実際に勤務する労働者とは若干の誤差があり得る

そ海路が二〇〇〇人ほど上回っているが、〇四年にその数は逆転し、海路の客数は四四九人にまで減少した。〇五年からは海路による観光客はゼロだ。

南北経済協力を象徴するもう一つの開城工業団地事業はどうだろう。開城工業地区ができたのは〇二年一一月だが、実際に韓国企業が進出し始めたのは〇五年からだ。〇五年の開始当初はたったの一八社だった入居企業数は、〇九年には一一七社に増えた。四年間で約一〇〇社増えたことになる。生産額も、〇五年の約一四〇〇万ドルから〇九年には約二億五〇〇〇万ドルにまで上昇していた。勤務する北朝鮮労働者の数もコンスタントに増えていったことが、図6-6から読み取れる。

保守政権下で後退

関係悪化のきっかけは射殺事件だった。二〇〇八年七月一一日、朝鮮人民軍兵士が金剛山で韓国人女性観光客を射殺した。韓国政府は金剛山観光をただちに中断、同年一一月二八日には開城観光も中断した。その後、南北関係は悪化の一途をたどる。

もともと兆候はあった。この年二月にハンナラ党（当時）の李明博大統領が就任し、韓国は一〇年間続いた進歩から保守への政権交代が行われた。李政権の対北朝鮮政策は、北朝鮮が核開発計画を放棄して国際社会の責任ある一員となれば南北関係を改善しようというもので、金大中、盧武鉉両政権の「包容政策」（太陽政策）とは異なり、北朝鮮にとっては厳しいものだった。核放棄を前提とする対話を、北朝鮮が受け入れるはずはなかった。

経済協力関係は膠着《こうちゃく》し、交易額の合計は〇八年の一八億二〇〇〇万ドルから〇九年には一六億七九〇〇万ドルに減少した。

この頃、北朝鮮では後継者問題が浮上していた。〇八年九月の建国六〇周年記念行事に金正日総書記が姿を見せなかったことで、にわかに「重病説」が浮上したためだ。同年一〇月四日にサッカー試合を観戦したことが報じられるまで、金総書記の動静は五一日間も伝わらなかった。実際にこのとき彼は脳卒中で重篤であったとされる。

朝鮮労働党の機関紙「労働新聞」は同年一〇月二一日、革命伝統の継承や世代交代、革命の三世、四世の役割の重要性を強調する論評を掲載し、後継者問題が論じられていることを示唆した。翌〇九年一月一五日には韓国の「聯合ニュース」が「金正恩の後継者内定」を報じた。

同年五月、北朝鮮政府は韓国政府に対して開城工業団地の特恵的法規・契約の無効を宣言した。一方で、八月には金総書記が現代グループの玄貞恩《ヒョンジョンウン》会長と会談し、金剛山観光再開など五項目で合意。北朝鮮は金大中氏死去に際して高官レベルの弔問団をソウルに派遣した。

だが、関係修復はなされなかった。一〇年三月に起きた韓国の哨戒艦沈没事件を北朝鮮の犯行と断定した韓国政府は五月、開城工業団地事業を除く一切の南北交易・交流を全面中断する措置（「五・二四措置」）を断行。関係悪化は決定的となった。

一一年五月三一日、北朝鮮は現代グループに与えていた独占事業権を見直す「金剛山国際観光特区法」を制定した。これによって、韓国との金剛山観光を推進するために〇二年一一月に制定した「金剛山観光地区法」は死文化し、金剛山観光地区の名称は金剛山国際観光特区に変更された。金剛山はもはや南北経済協力の対象地域ではなくなった。

保守政権を引き継いだ朴槿恵《パククネ》政権下で、南北関係はさらに悪化していった。一六年二月一〇日、朴政権は、最後に残っていた経済協力の象徴である開城工業団地事業の操業を中断した。

新「ベルリン宣言」

「ベルリンで始まった冷戦の解体をソウルと平壌で完成させ、新たな平和のビジョンを北東アジアと世界に伝えていくでしょう」

一七年七月六日、韓国の文在寅《ムンジェイン》大統領は一七年前に金大中元大統領が対北朝鮮提案を行ったベルリンの地で、「平和体制構築のためのベルリン構想」を発表した。文氏は、朴槿恵弾劾・罷免にともない同年五月九日に前倒しで行われた大統領選挙で勝利し、一九代目の韓国大統領に就任した。「共に民主党」候補の文氏の当選で、一〇年ぶりに保守から進歩への政権交代が行われた。盧武鉉元大統領の親友であり側近だった文大統領は、就任当初から南北関係改善に意欲を示していた。

「ベルリン構想」を発表したのもその表れだった。この「ベルリン構想」は、初の南北首脳会談へとつながった金大中元大統領の「ベルリン宣言」にちなんで、新「ベルリン宣言」と呼ばれる。同構想で文大統領は、過去の二つの首脳会談で発表された二つの「宣言」について言及し、①平和追求、②朝鮮半島の非核化、③恒久的な平和体制構築、④新たな経済地図構想、⑤民間交流協力事業の推進、を骨子とする「五大対北政策方向」を発表した。

同時に、①離散家族の再会、②平昌《ピョンチャン》五輪への北朝鮮の参加、③軍事境界線における敵対行為の相互中断、④南北接触と対話の再開、という四項目の提案を行った。そして、文大統領は「朝鮮半島の緊張と対立局面を転換させる契機となるなら、いつ、どこでも金正恩委員長と会う用意がある」と首脳会談実現への意欲を示した。

北朝鮮は九日後の七月一五日、「労働新聞」を通じて同構想を「六・一五共同宣言と一〇・四宣言に対する尊重、履行を誓うなど、前任者たちとは違う立場が含まれているのは幸い」だと評価した。今にして思えば、文政権発足直後から北朝鮮は韓国との関係改善を模索していたのかもしれない。

経済協力復活なるか?

「朝鮮半島に新たな経済地図を描く」。文在寅大統領は新「ベルリン宣言」のなかでこう断言した。「新たな経済地図」とはどんなものか。文政権が発表した「国政運営五カ年計画」から見てみよう。

主な内容は四つだ。①は三大ベルトの構築だ。東海岸にはエネルギー・資源ベルト、西海岸には交通・物流・産業ベルト、非武装地帯（DMZ）には環境・観光ベルトをそれぞれ構築し、南北が協力して開発・発展させようというものだ。具体的な地名も記されている。共同開発後は東海岸とロシアを連結させる構想も述べられている。

図6-7　朝鮮半島の新経済地図三大経済ベルト

（資料：韓国統一部、国連、『韓国日報』2018年5月2日付）

②は民間の協力ネットワークを通じて南北が一つの市場を作るというものだ。③は経済協力の再開で、④は南北の境界線地帯を発展させるというものだ。③では、開城工業団地の正常化と金剛山観光の再開を、④では統一経済特区や西海（黄海）平和協力特別地帯の設置を推進するとしている。これによって、①経済協力活性化で統一条件が整い、雇用創出と経済成長率アップが見込まれる、②朝鮮半島が北東アジア地域の経済協力のハブになる、という効果が期待できるという。

文大統領は「南北が『一〇・四宣言』を実践すれば」新経済地図構想の実現は可能だと述べた。確かに、二〇〇七年の盧武鉉・金正日の第二回首脳会談で発表された「一〇・四宣言」では、経済協力の具体的な内容が記されている。

たとえば海州《ヘジュ》（黄海南道《ファンヘ》）地域に「西海平和協力特別地帯」を設置するとしたが、新経済地図構想の四番目の案はこれを踏襲したものだ。すでに「一〇・四宣言」では、共同漁労区域と平和水域の設定や経済特区の建設と海州港の活用、民間船舶の海州直航路の通過、漢江《ハンガン》河口の共同利用などが明記されていた。鉄道や道路の共同利用も約束されていた。

〇三年六月一四日、私は江原道高城郡《コソン》で行われた東海線鉄道を連結する行事を取材した。近くには南北分断地点であることを示すさびたプレートが立っていた。絶対に南側に入ってはいけないと事前に言われていたので、それを忠実に守って北側でのみ取材をしていた。

ところが、南北の記者ともお構いなしに相手側地域を行き来している。物理的な障害物があるわけではないから、取材に夢中になった記者たちが行き来するのはごく自然な姿だった。「統一とはこんな形でやって来るのかもしれない」。当時そう感じたものだ。

鉄道や道路がつながれば、韓国の釜山を出発した列車が北朝鮮の平壌を経由して中国やロシア、ヨーロッパへと走る未来も来るに違いない。朝鮮半島は物流の重要地点となり、経済活性化にも大きな役割を果たすことになろう。

保守政権のもとで、九年間停滞していた南北経済協力が文政権下で復活するのか。期待はされるが、これには前提条件がある。北朝鮮の非核化が進展しなければならない。そのうえ南北間には開城工業団地以外の南北経済協力を遮断した「五・二四措置」が横たわる。

一六年二月一〇日には、三日前の七日に実施されたミサイル発射実験に抗議する形で朴槿恵政権が開城工業団地の操業を中断した。北朝鮮は翌日、開城工業団地を閉鎖し資産を凍結した。そして開城工業団地を「軍事統制地域」に指定し、いまに至っている。

鉄道・道路の連結が改革・開放へつながるか？

「大統領が来られたら、我々の交通が不備でご不便をおかけしないか心配だ。（北朝鮮から）平昌五輪に行ってきた方々は、高速鉄道がすばらしいと話していた。南側のこのよう

南北関係は急速に改善している。南北首脳会談で文在寅韓国大統領（右）と歩く金正恩朝鮮労働党委員長（2018年４月27日、共同）

な環境から北に来ると、（我々は）心苦しいかもしれない」（金正恩）

「これから北（朝鮮）と鉄道がつながれば、南北双方が高速鉄道を利用できる」（文在寅）

韓国大統領府によると、一八年四月二七日の会談で南北首脳はこんなやりとりを交わした。

金正恩・朝鮮労働党委員長からはこんな発言も飛び出した。「（平壌へは）飛行機で来られるのが楽だ。（北の）道路は不便だから」。

北朝鮮の最高指導者が自国のインフラ（道路、鉄道、港湾、ダムなど）の不備を率直に語るのは珍しいが、韓国の協力でインフラを整備したいという本音が垣間見える。

インフラの整備は北朝鮮が最も望むものだ。それを見越して金大中大統領は二〇〇〇年、道路、港湾、鉄道、電力、通信などインフラ拡充に向けた政府間の経済協力を呼びかけた。この時、南北首脳間で結ばれた六・一五共同宣言には経済協力の推進が盛り込まれ、三年後の〇三年六月に東海《トンヘ》線と京義《キョンウイ》線が連結された。

〇七年の南北首脳宣言では、開城—新義州鉄道と開城—平壌高速道路を共同で利用するための補修作業が含まれた。盧武鉉・金正日両首脳間で結ばれた同宣言には、具体的な経済協力事業も記されていたが、その後、韓国で二代続いた保守政権のもと、具体的には何も進展しなかった。それどころか、金剛山観光、開城工業団地事業をはじめとする一切の経済協力事業は中断したままだ。

四月二七日の首脳会談を通じて、文大統領と金委員長との間で結ばれた「板門店宣言」には、東海線及び京義線の道路・鉄道を連結、現代化し活用していくための対策をとっていくことが明記された。

文大統領は金委員長と二人だけの「散歩会談」の際、「新経済構想（朝鮮半島の新経済地図構想）」の入ったUSBメモリーを手渡した。「新経済構想」とは先述のとおり、文政権発足直後に発表された「国政運営五カ年計画」中にあるもので、開城工業団地の正常化や金剛山観光の再開も記されている。だが、国連の制裁下では容易ではない。

北朝鮮の非核化と経済再生は、米国だけでなく、中国も大きなカギを握っている。金委員長は三月二五〜二八日、初の外遊先として中国を訪問した。〝中国のシリコンバレー〟と呼ばれる北京の中関村も視察した。習近平国家主席との首脳会談では大規模な経済協力を求めたとされる（「朝日新聞」一八年四月二六日付）。その後も金委員長は四月と六月に訪中し、習主席と会談。再度経済協力を求めたとの話も伝わっている。

いまは中断状態だが、中国との間では羅先など二カ所の経済特区を共同で開発する合意がある。北朝鮮国内には経済特区が二四カ所ある。企業に経営権を与えたり、中国の請負制度に似た制度が協同農場で採用されるなど改革政策も進んでいる。供給システムが事実上崩壊し、経済の市場化も進んでいる。

金委員長は、核実験や弾道ミサイル実験を中止し、今後は経済に全力を集中すると表明した。経済が活性化すれば、北朝鮮の改革・開放も促進される可能性がある。

一五万平壌市民の前で演説した文大統領

「……わが民族は平和を愛します。そして、わが民族はともに暮らさねばなりません。われわれは五千年を共に暮らし、七〇年を分かれて暮らしました……」

二〇一八年九月一九日、韓国の文在寅大統領は平壌の綾羅島《ルンラド》にあるメーデースタジアムの壇上に立っていた。一五万人の平壌市民らを前に、文大統領は七分間スピーチを行った。韓国の大統領が平壌市民の前で演説するのは初めてのことだ。

九月一八～二〇日、一八年では三回目の南北首脳会談が平壌で開催された。もはや定例化したと言ってよい。金正恩朝鮮労働党委員長夫妻は韓国の文在寅大統領夫妻を平壌国際空港で出迎えた。タラップから降りてきた文大統領と金委員長がハグする姿は、双方の間に着々と信頼関係が構築されていることをうかがわせた。

一九日に発表された「平壌共同宣言」の目玉は、金委員長が近いうちにソウルを訪問することが盛り込まれたことだろう。首脳会談後、共同記者会見に臨んだ金委員長は、文大統領に「近くソウルを訪問すると約束した」と明言した。二〇〇〇年の南北首脳会談では、「金正日総書記が適切な時期にソウルを訪問する」と共同宣言に明記されたにもかかわらず、実現しなかった。〇七年の首脳会談の際に、金総書記は盧武鉉大統領（当時）のソウル訪問提案を丁重に断った。金正日政権時代に北朝鮮のトップが韓国を訪問することはなかった。しかし、今回は金委員長自身が「約束した」と明言しており、「特別な事情がない限り」（文大統領）訪問が実現する。もちろん、四月の首脳会談は板門店の韓国側地域で行われたから、金委員長はすでに韓国を一度訪れていることになるが、板門店とソウルでは訳が違う。実現すれば画期的だ。

「平壌共同宣言」には、軍事的敵対関係を解消する問題が明記され、付属文書として軍事分野の「合意書」も採択された。経済協力や離散家族の再会、文化・スポーツ交流なども「宣言」に含まれた。

焦点の非核化も盛り込まれた。「平壌共同宣言」は、「朝鮮半島を核兵器と核の脅威がない平和の地とするべく、必要な進展を速やかに実現することで認識をともにした」と指摘した。

具体的には、北朝鮮が、①関係国の専門家らの立ち会いのもと、東倉里《トンチャン》（平安北道）のミサイル関連施設を永久に廃棄し、②寧辺核施設の永久的廃棄のような追加措置をとる用意がある、とした。ただし、②に関しては「米国が六・一二米朝共同声明の精神に従い相応の措置をとれば」という条件つきだ。

米朝共同声明には、北朝鮮が四・二七「板門店宣言」を再確認し、朝鮮半島の完全な非核化に向けて努力するとある。「板門店宣言」には、今年中に朝鮮戦争の終戦宣言と平和協定締結を話し合う会談の開催が記されている。つまり、終戦宣言や平和協定締結によって敵対関係が解消されれば、核施設を廃棄するというのが北朝鮮の立場だ。

ポンペオ米国務長官は九月一九日、南北首脳会談の結果を歓迎する声明を発表し、「米朝関係を転換（transform）するための交渉を即座に進める用意がある」（「朝日新聞」一八年九月二一日付）と述べた。

二四日に行われた米韓首脳会談の冒頭で、トランプ米大統領は、二回目の首脳会談を「そう遠くない将来」に開催する意向を表明した。また、第五回南北首脳会談の結果を歓迎し、文大統領が金委員長の非核化の意志を直接再確認したことについても評価した。

ただ、北朝鮮は今のところ、米国が求める非核化対象リストや行程表の申告、検証措置に応じていない。二九日に国連総会で演説した李容浩《リヨンホ》外相は、「朝米共同声明を履行するためには米朝間の不信を取り除かなければならない」と強調。米朝間の不信を取り除くには、「両国が信頼醸成に努めなければならない」と述べた。また、朝鮮半島の非核化も、信頼醸成を優先させ平和体制の構築と同時行動の原則に基づき、できることから段階的に実現すべきだとしながら、「しかしこのことについて、米国から相応の回答を得られていない」と、米国への不満を表明した。北朝鮮に一方的に非核化を迫る前に、（終戦宣言の合意など）米国がやることがあるということだろう。

南北が首脳会談で合意した内容を履行していくには、米朝関係の進展が欠かせない。一八年九月の首脳会談でも、開城工業団地や金剛山観光事業を正常化することが盛り込まれたが、「条件が整い次第」という前提つきだ。「条件が整う」というのが、「制裁の解除」を指していることは言うまでもない。米国は、北朝鮮の非核化が進展しなければ、制裁を解除しない方針を変えていない。

文大統領は九月二六日、国連総会で演説し、こう述べた。

「金正恩委員長は、できるだけ早い時期に非核化を終え、経済発展に集中したいとの希望を明らかにした。（略）北朝鮮は我々の願いと要求に応えた。（略）今度は国際社会が北朝鮮の新たな選択と努力に応える番だ。金正恩委員長の非核化の決断が正しい判断であることを確認すべきだ」

第七章　核開発とミサイル

中国、最初の核実験

「日ましに増大するアメリカの核威嚇に直面して○○はじっと手をこまねいていることはできない。○○が核実験をおこない、核兵器を開発するのは、せまられて余儀なくするものである」

「○○政府は一貫して、核兵器の全面禁止、完全廃棄を主張してきた。もしこの主張が実現されていたなら、○○はもともと核兵器を開発する必要がない。しかし、われわれのこの主張は、アメリカ帝国主義の頑固な抵抗を受けた」

「○○が核兵器を開発しているのは防御のためであり、アメリカのひきおこす核戦争の脅威から○○人民を守るためである」

さて、ここで問題。○○の中に入る国名は？　答えは「中国」だ。中国は一九六四年一○月一六日に初めて核実験を行った。その際に発表された政府声明の内容なのだが、まるで北朝鮮の主張と同じだ。北朝鮮が初めて核実験を実施したのは二○○六年一○月九日。その二日後、北朝鮮外務省報道官は談話を発表し、次のように述べた。

「われわれが核実験をしなければならなかったのは、全面的に米国の核の脅威と制裁圧力策動のためである」

「われわれは米国によって日ましに増大する戦争の危険を防ぎ、国の自主権と生存権を守るために、やむなく核兵器保有を実物で証明して示さざるを得なかった」

北朝鮮は、中国の第一回核実験時の政府声明を忠実になぞっているようにも見える。つまり、北朝鮮が核を保有する理由は、当時の中国の理由と同じなのだ。だから、中国は北朝鮮の核開発には反対であるにもかかわらず、きつく言えないのではないか。

中国の核武装は同じ社会主義国であるソ連をけん制するものでもあった。六〇年代には中ソ国境紛争が起き、両国の関係は悪化していた。中国政府声明では、六三年七月に米英ソがモスクワで調印した部分的核実験停止条約を、三大核保有国が核を独占するものだとして非難している。

一方、中国政府声明では、中国が先に核兵器を使用することはないとも明言しており、核全廃について討議する世界各国首脳会談の開催を提案していた。核実験翌日の六四年一〇月一七日には周恩来首相も首脳会談の開催を提案している。この点も「世界の非核化」をとなえる北朝鮮の主張と通じるところがある。北朝鮮も核の先制使用は否定しているし、「米国が敵視政策を放棄し、朝米間に信頼が醸成され、われわれが米国の脅威をこれ以上感じなくなれば、一個の核兵器も必要でなくなる」（〇六年一〇月の外務省報道官談話）と、非核化への意思を明らかにしていた。中国も北朝鮮も、「非核化のために核を保有している」という論理では共通している。

ただ、中国は七八年から改革・開放路線を選択し、飛躍的な経済発展を遂げた。中国は自国の成功例をもとに、北朝鮮に対しても再三にわたって改革・開放政策の実施を促した。八〇年代初めに金正日書記（当時）をはじめ政府高官が訪中した際には上海、深圳などを案内した。

金日成主席が九一年一〇月に訪中した際には、鄧小平氏らが中国のように社会主義を維持しながら開放と経済改革を推進するよう求めた。北朝鮮も外国資本との間における合弁法の制定や経済特区の設置などの一定の開放政策を実施し、金正日政権期には経済改革も断行した（林東源著『ピースメーカー』）。

しかし、北朝鮮の指導部は改革・開放によって市場経済へと移行し、体制が動揺することをいまだに恐れている節がある。彼らが思い切った政策転換に踏み切れないのも、そんなところにあるのだろう。

とはいえ、共産党が市場経済の導入を決断すれば、政治的には権力を独占しながら市場経済化が可能なことは中国の例が示しているとおりだ。市場経済への移行は必ずしも政治体制の移行、つまり社会主義体制から資本主義体制への移行を促すわけではない。ベトナムやキューバもしかりだ。

一八年四月、北朝鮮政府は核開発と経済建設の並進路線の「勝利」を宣言し、今後は経済開発一本に絞ることを決めた。北朝鮮が中国の経済改革・開放政策の成功例に学ぶことを決断したとしたら幸いだ。

マッカーサーと核兵器

朝鮮戦争開戦から半年後の一九五〇年一二月二四日、米極東軍総司令官ダグラス・マッカーサー元帥は、東京からワシントンに暗号電を打った。暗号電は、ソ連と中国の原爆投下の標的候補地として二一の都市名を挙げていた。原爆二〇個の標的と優先順位についての報告を求めるワシントンからの機密暗号電に対する回答だった。

マッカーサーが示した三四発という原爆の数は、ワシントンの要請を大幅に超えていた。翌五一年三月一〇日、マッカーサーは原爆の使用承認を求めたが、認められなかった。「全面戦争になれば中国は勝てない」とする声明をトルーマン米大統領に無断で発表したことから、大統領の怒りを買い、結局、四月一一日に解任された。

「朝日新聞」日曜版の連載「１００人の20世紀」では、九八年七月五日付にマッカーサーを取り上げ、こんなエピソードを紹介している。

トルーマン大統領自身、五〇年一一月三〇日の記者会見では、朝鮮戦争で原爆使用もあり得ると発言していた。だが、一方で国連の多数派形成を重視し、朝鮮戦争を限定戦争にせざるを得ないとも考えていた。結果的に朝鮮戦争で原爆が使用されることはなかった。

旧満州および中国本土の工業施設その他への原爆攻撃は、中国との全面戦争を意味するだけでなく、確実にソ連の戦争介入を招くと考えられた（小此木政夫著『朝鮮戦争』）。

また、米国務省極東局のエマーソンは五〇年一一月八日、ラスク国務次官補に提出した覚書で、米国が中国に対して原爆を使用した場合の政治的影響を次のように整理した。それは、①米国の道義的立場への深刻な打撃、②国連での共同行動の破壊、③米国は全面戦争を欲しているとのソ連の宣伝の強化、④原爆はアジア人に対してのみ使用されるというアジア全域での米国への感情的反発、⑤アジアへの過剰な関与によって別の地域での戦争に備えることが不可能になる（前述『朝鮮戦争』）。

マッカーサー元帥が挙げた原爆投下の標的候補地には、ソ連のウラジオストク、ウスリースク、ハバロフスク、中国の旅順、北京、大連などが含まれていた（「朝日新聞」一九八八年七月五日付）。すでに核兵器を保有していたソ連は別として、中国が核を持たねばならないと考えたのも、朝鮮戦争時に米国が核兵器使用を検討したことと無関係ではないだろう。

そして、同じ理由で北朝鮮の指導部が、朝鮮戦争の頃から核保有を考え始めていたとしても何ら不思議ではない。核には核で対抗しなければならないという考えが、金日成氏の頭の中にあったと考える方が自然だ。ただ、彼自身は死ぬまで、「核を保有する意思も能力もない」と語っていた。

北朝鮮が実際に核開発を決断したのは、冷戦崩壊、そしてソ連や中国が韓国と国交を結んでからだと思う。朝鮮半島有事の際、もはやソ連や中国は自国を守ってはくれない、つまり、核の傘を提供してもらえないと、北朝鮮の指導部は強く感じただろう。米国の核脅威から自国を守るには、自国で核を持つしかないという考えにどんどんシフトしていったと考えられる。米国の核の傘の下にある韓国や日本の人々には分かりづらいかもしれないが、冷戦構造の崩壊で唯一核の傘の下にないのが北朝鮮なのだ。

核とミサイルにこだわる理由

北朝鮮は国際社会の非難を浴び続けながらも、なぜ核・ミサイル開発を続けるのだろうか。それを知るためには時計の針を六五年前の朝鮮戦争停戦時まで戻さなければならない。

一九四五年八月一五日、日本敗戦と同時に朝鮮半島は植民地支配から解放されたが、わずか半月後の九月二日、第二次世界大戦の戦後処理のために進駐した連合国軍の軍政下におかれた。北はソ連軍、南は米軍が進駐した。四七年に南北同時選挙の実施が試みられたが実現せず、四八年に南には大韓民国、北には朝鮮民主主義人民共和国がそれぞれ誕生した。朝鮮半島分断の始まりである。五〇年六月に朝鮮戦争が勃発、当初は北朝鮮軍が釜山を残して南を制圧したが、米軍を中心とする国連軍の参戦で戦況は硬直化した。

その後、中国が参戦し、一進一退を繰り返した結果、三年後の五三年七月二七日に停戦協定が調印された。停戦協定に署名したのは、北の朝鮮人民軍と中国人民志願軍の各司令官、国連軍代表の米陸軍大将で、韓国の李承晩政権は停戦に反発して署名を拒否した。

停戦協定には、外国軍隊の朝鮮半島からの撤退を話し合うことが明記されていたが、国連軍の主力部隊として派遣された米軍は停戦後も韓国に駐留し続けた。ソ連や中国などの共産圏に対峙する最前線として韓国を考えていたからだ。一方、朝鮮戦争に参戦した中国人民志願軍は五八年一〇月に北朝鮮から撤退した。直後に北朝鮮政府は声明を発表し在韓米軍の撤退を求めた。

北朝鮮からしてみれば、北からは中国軍が撤退してしまったのに、南には世界最強の米軍が残っている。そういった潜在的恐怖が朝鮮戦争停戦直後から存在し続けた。圧倒的な米国の軍事力に対峙するために、北朝鮮はそれに見合った軍事力を養うしかないと考えたのだ。それが核・ミサイル開発へとつながっていった。

北朝鮮が朝鮮戦争停戦後から一貫して求めてきたのは、第一に、朝鮮戦争を終わらせることと停戦協定の平和協定への転換だ。第二に、米韓合同軍事演習の中止。第三に、体制保証。つまりは、米国との関係正常化だ。これが彼らの言う「対北朝鮮敵視政策の転換」であり、北朝鮮は核攻撃を含む軍事的脅威の清算を求めてきた。

北朝鮮には、核・ミサイル開発を放棄すれば対話に応じるというのは、丸腰で白旗を挙げるなら話し合いに応じてもよい、と聞こえる。イラクのフセイン大統領やリビアのカダフィ大佐の末路を見た後ではなおさらだった。大量破壊兵器を保有しているとして、米ブッシュ政権は〇三年三月二〇日、イラク戦争を開始。間もなくバグダッドは陥落し、フセイン大統領は逮捕された。逮捕から三年後の〇六年一二月三〇日、フセインは処刑された。カダフィ大佐も、〇三年末に核放棄を宣言し査察団を受け入れたにもかかわらず、リビア内戦によって政権が崩壊、一一年一〇月二〇日に殺害された。北朝鮮が「リビア方式」に敏感なのもこのためだ。

イラク戦争が終結した約四ヵ月後の〇三年八月、朝鮮半島の核問題を話し合う六者会談（北朝鮮・米国・中国・韓国・ロシア・日本が参加）が始まった。北朝鮮の狙いは、六者会談を通じて米国とさしで話し合うことにあった。フセインのみじめな敗北を目の当たりにして、対話による核問題解決に応じたとも考えられる。だが、北朝鮮は〇六年一〇月九日、一回目の核実験を断行する。フセインが処刑されたのはその二ヵ月後。彼のようにならないためにも、金正日総書記は核武装をすべきだと考えたのかもしれない。カダフィの殺害を受けて、その気持ちをいっそう強くしたことは容易に想像できる。さかのぼれば、一九八九年一二月には金日成主席と非常に親しかったルーマニアのニコラエ・チャウシェスク大統領が妻のエレナ氏とともに処刑された。

金正恩委員長は、核開発と経済建設を並行して推し進める「新並進路線」を発表した一三年三月の党全体会議でこう述べている。

「大国を仰ぎ見ながら強力な自衛的国防力を備えられず、帝国主義者の圧力と懐柔に負けて保有していた戦争抑止力さえ放棄したあげく、侵略の犠牲となったバルカン半島と中東地域諸国の教訓を絶対に忘れてはいけません」

核開発は経済のため?

「新しい並進路線は国防費を増やさなくても、少ない費用で国の防衛力をより強化しながら、経済建設と人民生活向上に大きな力を傾けることができます」

金正恩党委員長（当時は第一書記）は二〇一三年三月に開催された党全体会議でこう述べた。

新並進路線は祖父の金日成主席が打ち出した並進路線を踏襲したものだ。祖父の並進路線は、キューバ危機を受けた一九六二年一二月の朝鮮労働党中央委員会第四期第五回全体会議で提示された。経済建設と国防建設を並行して進めると言いながらも、国防力の強化に力点が置かれていた。並進路線に基づくスローガン「四大軍事路線」（全人民の武装化、全国土の要塞化、全軍幹部化、全軍現代化）も同時に提唱された。並進路線は、六五年のベトナム戦争開戦を受けて翌六六年一〇月の朝鮮労働党代表者会でも再確認された。

これを契機として北朝鮮は、米国との戦争に備えた国防力強化に傾いていく。その結果、第一次七ヵ年計画の完遂も二年遅れの七〇年に持ち越されるなど経済建設に少なからぬ影響が出た。経済状況は悪化し、人民生活も犠牲になった。九〇年代後半の経済危機も、元をただせば、この六〇年代にさかのぼる。

しかし、金正恩氏の打ち出した新並進路線は、「国防費を追加で増やさずに戦争抑止力と防衛力の効果を高めることによって、経済建設と人民生活向上に力を集中できる」というのが北朝鮮側の説明だった。核兵器の開発に予算を集中させれば通常兵器などの防衛費を削減でき、その分を経済建設に回すことができるという理屈だ。

実際、金正恩政権下で北朝鮮の経済は、度重なる制裁措置にもかかわらずプラス成長を続けていた。平壌に限定されたことかもしれないが、訪朝者によると、平壌など都市部の北朝鮮人民の生活レベルは向上しており、相変わらず建設ラッシュも続いている。

ただ、経済建設を優先させると言いながらも、北朝鮮は、小型化した核兵器を搭載するためのミサイル開発も同時に進めてきた。核実験は六回だが、ミサイル実験はこの回数をはるかに上回っており、一七年だけでも一六回実施されている。打ち上げ費用は経済に影響を与えなかったのだろうか。

進化した核・ミサイル能力

北朝鮮は一八年四月に中断を表明するまで、六回の核実験を実施した。最後の六回目は、過去五回を大きく上回る最大級のものだった。小野寺五典防衛相は三日後の記者会見で、当初の推定爆発規模七〇キロトンから一六〇キロトンに大幅上方修正した。広島に投下された原爆の一〇・七倍、長崎の七・六倍とされた。実際、北朝鮮の核兵器研究所は、北部核実験場で大陸間弾道ミサイル（ＩＣＢＭ）搭載用水爆実験に成功したとする声明を発表した。

北朝鮮の報道による六回までの特徴は次のとおりだ。

金正日政権期

・一回目（〇六年一〇月九日）初の核実験成功

・二回目（〇九年五月二五日）新たな高い段階で安全に実施

金正恩政権期
・三回目（一三年二月一二日）小型化、軽量化した原子爆弾を使用
・四回目（一六年一月六日）初の水爆実験に成功
・五回目（一六年九月九日）核弾頭の標準化・規格化
・六回目（一七年九月三日）ＩＣＢＭ搭載用の水爆実験に成功

このように、北朝鮮の核兵器の質は着実に向上していた。また、一回目と二回目の間が約二年七カ月、二回目と三回目の間が約三年九カ月、三回目と四回目の間が約三年と、各実験の間には三〜四年間隔が空いていたのに比べ、四回目と五回目の間は約八カ月、五回目と六回目の間は約一年と、間隔が着実に狭まっていた。金正恩政権期に入り、実際の核保有を目標に実験を繰り返していたことが読み取れる。

六回目の核実験に至る流れも過去五回とは違っていた。

朝鮮中央通信は一七年九月三日、金正恩党委員長が核兵器の兵器化事業を核兵器研究所で指導したと報じた。同日午前中には、金委員長ほか五人の常務委員が参加して朝鮮労働党中央委員会政治局常務委員会が開催されている。委員会ではＩＣＢＭ搭載用の水爆実験を行う「決定書」を採択し、金委員長が命令書にサインした。

「水爆」とみられる物体を視察している金正恩朝鮮労働党委員長（2017年９月３日、朝鮮通信＝共同）

核実験に到るこうした手続きが明らかにされたのは、筆者が知る限りでは初めてだ。北朝鮮は九三年にＮＰＴから脱退する際にも、朝鮮労働党中央委員会を招集し、決定している。独裁者が独断で決めているのではなく、内部の民主主義的な討議を経た党・国家としての決定であることをアピールする狙いがあったと思われる。

金委員長は一七年の「新年の辞」で、ＩＣＢＭ発射実験が最終段階に達したと宣言。同年だけで一六回の発射実験が行われ、最終的に北朝鮮は同年一一月、米本土に到達すると思われるＩＣＢＭの実験に成功したと宣言した。

こうみてくると、北朝鮮は無闇に核実験やミサイル実験を行っているのではなく、自らの目的に向けて、実験を繰り返してきたといえる。その目的とは、核と核搭載可能なICBMを持つことだ。北朝鮮外務省報道官は一七年九月五日、「米国は原爆、水爆とともに大陸間弾道ロケットまで保有した核強国としてのわが国の実体を忘れてはならない」などと脅しをかけた。

北朝鮮は目標を一定程度達成できたと考えている。その意味では、北朝鮮の脅威が「新たな段階」に入ったことは確かだった。北朝鮮からすれば、「脅威」と思ってもらわなければ困る。「アメリカが攻めてこられないように、核とICBMで武装した強力な国になった」「核保有国として対等にアメリカと交渉したい」というのが彼らの論理だからだ。

金委員長が一八年の「新年の辞」で語った次の言葉は、北朝鮮の〝自信〟を示している。

「米国は決して私とわが国を相手に戦争を仕掛けられない」

「米本土全域がわれわれの核打撃射程圏内にあり、核のボタンが私の事務所の机上に常にあることは、脅しではなく現実であることを知るべきだ」

映画にもなった「核実験」

北朝鮮で核実験を目撃したことがある。といっても映画での話だ。一〇年九月八日、平壌ホテルの自室で何気なくテレビを見ていた私は、画面に釘付けになった。『私が見た国』

（第四部）という映画が放映されていた。映画では、ラスト近くで〇九年五月二五日の地下核実験が再現された。案内員によれば、地下核実験の再現は世界初公開だという。

　映画の主人公は日本人女性国際政治学者。北朝鮮のトップ女優キム・ジョンファが演じていた。彼女が訪朝して北朝鮮の姿に感銘を受け、それを日本の学生たちに伝えるというストーリーだった。映画では、拉致問題や核問題など国際情勢を踏まえた動きも比較的客観的に描かれ、当時のバラク・オバマ米大統領やヒラリー・クリントン米国務長官、日本の麻生太郎首相らも実写で登場する。平壌市民に聞くと、オバマやヒラリーの本物を見たのは初めてだという。

　再現された地下核実験の場面は次のようなものだ。まず、核実験場を塞ぐために何重にも扉が閉じられていくシーンから始まる。その後、「準備完了」の合図とともに、カウントダウンの後、発射の号令がかかる。すると爆発と共に閉じられていた扉が順々に吹き飛ぶ。最後に地割れがして鳥が飛び立っていく姿が描かれた後、「放射能漏れなし」「実験成功」と宣言して終わる。

　映画がテレビで放映された日の翌日は九月九日。北朝鮮の建国記念日だ。北朝鮮が映画を利用して核実験を誇示したのは確かだ。国威発揚の意味もあっただろう。

　映画のラストシーンは〝祝砲〟と称される花火の打ち上げ。金正恩朝鮮労働党委員長が指揮したと言われる。一〇年九月末、金正日総書記の後継者として金正恩氏がお披露目された。核実験成功から〝祝砲〟へと続く映画のラストは、核によって支えられる金正恩体制を示唆したものであったのかもしれない。一三年四月一日に「核保有国の地位を強固にする法律」（「核開発強化法」）を採択したことで、それは裏づけられた。

非核化は実現するか？

これまで北朝鮮の核問題を解決するチャンスは少なくとも三回あった。一回目は、第一次核危機を経て米朝枠組み合意に至ったとき（一九九四年）、二回目は第二次核危機を経て六者会談で「九・一九合意」にこぎつけたとき（二〇〇五年）だ。そして、三回目は初の核実験で自信を深めた北朝鮮が核開発を凍結し米国との関係改善を進めたとき（二〇〇七～〇八年）だ。簡単に振り返ってみよう。

九一年一二月、五回にわたる南北高位級会談を経て韓国と北朝鮮は「南北間の和解と不可侵および交流・協力に関する合意書」を採択、「朝鮮半島の非核化に関する共同宣言」を締結した。翌九二年一月には米韓合同軍事演習中止が発表され、ニューヨークで初の米朝高官会談が行われた。このように緊張緩和ムードが漂うなか、北朝鮮は国際原子力機関（ＩＡＥＡ）と核査察協定を結んだ。八五年に核不拡散条約（ＮＰＴ）に加盟してから七年を経て、北朝鮮は核査察を受け入れた。

ところが、九三年になると状況は一変する。再処理施設の存在を問題視したＩＡＥＡは特別査察を要求。これに反発して北朝鮮は九三年三月一二日にＮＰＴからの脱退を表明。第一次核危機が勃発した。ＮＰＴ脱退と時を同じくして、北朝鮮は米韓合同軍事演習の再開に対抗して準戦時状態を宣言した。

朝鮮半島に訪れた一触即発の危機は、九四年六月にカーター元米大統領が訪朝して金日成主席と会談し、金主席が核開発の凍結を約束したことで回避された。同年七月、金主席は死去したが、米朝協議は維持された。同年一〇月、米朝枠組み合意が締結された。

合意は、北朝鮮のＮＰＴ残留、核開発凍結と米朝国交正常化への道筋などを定めたもので、これを受けて翌九五年三月に朝鮮半島エネルギー開発機構（ＫＥＤＯ）が設立された。北朝鮮が黒鉛減速炉の活動を凍結、解体することを条件に、二〇〇三年までに軽水炉二基を提供し、一基目の軽水炉完成まで年間五〇万トンの重油を供給する事業を進めることになった。九九年九月に北朝鮮は、米国との交渉期間中のミサイル発射凍結も発表していた。

さらに、二〇〇〇年には金正日総書記の側近、趙明禄国防委員会第一副委員長が訪米しクリントン米大統領と会談、米朝共同コミュニケが発表された。これを受けて、オルブライト国務長官が訪朝したが、クリントン大統領は時間切れで訪朝を断念した。この時、クリントン大統領の訪朝が実現していれば、米朝の関係改善は飛躍的に進んでいたかもしれない。

だが、〇一年九月の米同時多発テロを受けて「テロとの戦い」を宣言したブッシュ米大統領は翌〇二年の一般教書演説でイラク・イランと共に北朝鮮を「悪の枢軸」と非難。米朝関係は再び冷え込んだ。同年一〇月には訪朝した米特使のケリー国務次官補に対し、北朝鮮が高濃縮ウラン施設建設などを認めていたと国務省が発表した（北朝鮮はその後否定）。

これをきっかけに第二次核危機が勃発。これを受けてKEDOは同年一二月より重油の供給を停止し、〇三年一二月からは軽水炉建設も中断した。そして、〇六年五月の理事会で軽水炉プロジェクトの終了を正式決定した。

一方、〇三年八月には第一回六者会談が始まった。北朝鮮の核開発問題解決のために、北朝鮮、米国、中国、韓国、ロシア、日本の局長級担当者が直接協議を行うものだったが、〇五年二月に北朝鮮外務省は六者会談参加の無期限中断を表明し、「核兵器を作った」と言明する声明を発表した。しかし、その後中国や韓国の高官が訪朝して金正日総書記を説得するなどした結果、同年七月に北朝鮮は六者会談に復帰。九月一九日には六者が初めて共同声明を発表し、北朝鮮の核兵器放棄に合意した。

ところが北朝鮮は翌〇六年一〇月に一回目の核実験を実施した。核保有国として米国と対峙する道を選んだのだ。核実験成功で自信を深めたことを背景に、北朝鮮は核開発を凍結し、米国との関係改善を進めた。

〇七〜〇八年には、原子炉に通じる冷却塔の爆破など核開発凍結を示す実践行動が相次ぎ、米朝高官会談も複数回開かれ、重油や食糧援助が再開されるなど、米朝関係改善が本格化する兆しが見えていた。ニューヨーク・フィルの平壌公演で米朝両国の国歌が演奏され、星条旗が北朝鮮の国土に初めて掲げられたことは、米朝関係改善を示す象徴的な出来事だった。

米国は〇八年一〇月、北朝鮮のテロ支援国家指定を解除した（一七年一一月に再指定）。これが三回目のチャンスだった。だが、核凍結の検証手続きの文書化で合意を得られず、〇八年一二月に六者会談は膠着状態に陥った。北朝鮮は〇九年五月、衛星（弾道ミサイル）打ち上げに対する国連安保理議長声明に反発して二回目の核実験を強行した。

金正日総書記が訪朝したクリントン元大統領と会い、拘留していた米国人女性記者二人を解放するなど、改善の兆しも見えたが、北朝鮮は核開発を続けていた。

一二年二月、米朝は北京で行われた高官会談の結果を同時発表した（「二・二九合意」）。米側の声明によれば、北朝鮮は長距離ミサイル発射と核実験のモラトリアム、ウラン濃縮活動を含む寧辺での核活動のモラトリアムに同意したはずだった。しかし、北朝鮮は同年四月に「衛星」を打ち上げ、失敗。国連安保理が直ちに非難声明を発表したのに対し、北朝鮮はこれに反発して「二・二九合意にこれ以上拘束されない」との立場を表明した（章末の「朝鮮停戦協定をめぐる主な動き」参照）。

これ以降、北朝鮮の核・ミサイル開発は加速していく。金正恩政権時代に北朝鮮は、一三年二月から四年七カ月の間に四回の核実験を実施。ミサイル試射も一七年だけで一六回を数えた。北朝鮮は一七年一一月二九日、米本土を射程に収めるとみられるICBM「火星15型」の試射に成功し、「国家核武力完成」を宣言した。以後、北朝鮮は核・ミサイル実験を封印した。

史上初の米朝首脳会談

「国家核武力完成」を宣言した直後の一七年一二月初旬、金正恩朝鮮労働党委員長は中朝国境にそびえる白頭《ペクトウ》山の頂上に立っていた。朝鮮半島の建国神話「檀君神話」発祥の地。北朝鮮では、金委員長の祖父である金日成主席が抗日武装闘争を繰り広げ、父である金正日総書記が誕生した「革命の聖山」と称される。

山頂に立った金委員長は、「国家核武力完成の大業」を成し遂げてきた激動の日々を振り返ったと、党機関紙の「労働新聞」は伝えている。彼が白頭山に登った後には、大きな出来事が起きる。一三年一一月末の登頂直後には、叔父の張成沢氏が処刑された。

金日成氏から金正恩氏へと受け継がれたファミリーは、北朝鮮で「白頭の血統」と呼ばれる。白頭山登山と核開発を結びつけ、国民のための決断というイメージを強めたかったのだろう。

米朝軍事衝突への緊張が高まった一七年とは打って変わって、金正恩政権は一八年初頭から対話攻勢に転じた。金委員長は元旦の「新年の辞」で平昌冬季五輪参加を表明、南北は「コリア」として出場した。平昌五輪開幕式に出席した妹の金与正《ヨジョン》党中央委員会第一副部長は、韓国の文在寅大統領に面会し訪朝を促した。

三月になると、鄭《チョン》義溶《ウイヨン》国家安保室長ら韓国の特使団が訪朝し金委員長と会談。直後に訪米した鄭氏らは、ホワイトハウスでトランプ大統領に会い、その場で米朝首脳会談開催が決まった。月末には金委員長が北京を訪れ、初の中朝首脳会談が実現。直後の三月三一日〜四月一日、ポンペオ米CIA長官（当時）が訪朝し金委員長と会談した。

四月二〇日、北朝鮮は核実験、ICBM試射の中止と北部核実験場の廃棄を発表したが、これは七日後に開かれた南北首脳会談への追い風となった。首脳会談を通じて発表された「板門店宣言」では、完全な非核化を通じて核のない朝鮮半島を実現させる共同の目標を確認した。

五月九日、国務長官に就任したポンペオ氏が訪朝し金委員長と会談。その際、北朝鮮は拘束していた三人の米国人を解放した。これを受けてトランプ大統領は一〇日に米朝首脳会談の「六月一二日開催」をツイートしたのだった。

ところが、ボルトン米大統領補佐官やペンス副大統領が先核放棄を基本とする「リビア方式」に言及したことに対し、北朝鮮は、「会談再考」(金桂寛第一外務次官)をほのめかし、「朝米首脳会談を再考することについて最高指導者に提起する」(崔善姫外務次官)と猛反発した。これを受け、トランプ大統領は二四日、「会談は実施しない」と表明する。

いつもならここで北朝鮮がちゃぶ台をひっくり返して、すべてが水の泡になっていた。たとえば、食糧支援などを約束した一二年の「二・二九合意」が、直後の「衛星」発射で元の木阿弥になってしまったことなどがあった。だが、今回の北朝鮮は違った。金第一次官は「いついかなる形でも向かい合って問題を解決する用意がある」との立場を表明した。しかも、「考え直すことがあったら、遠慮なく私に電話するか手紙を書いてほしい」というトランプ大統領の提案に対し、金委員長は即座に反応。米国に派遣した金英哲・党中央委員会副委員長を通じて親書を伝えた。メンツを重んじるこれまでの北朝鮮からは考えられない対応だったが、気をよくしたトランプ大統領は、会談を「予定通り六月一二日に開催する」と発表した。

北朝鮮の本気度

二〇一八年六月一二日は間違いなく歴史に残る日となった。この日、シンガポールで開催された米朝首脳会談。親子ほども年の違う二人の指導者が固い握手を交わし、昼食をともにし、会場となったカペラホテル内の庭を二人だけで散策した。七〇年近く敵対関係にあった米朝の首脳が笑顔で語り合うこと自体、意義あることといえた。

米朝首脳会談共同声明では、トランプ大統領が北朝鮮に安全（体制）を保証することが明記され、これに対し金正恩朝鮮労働党委員長は「朝鮮半島の完全な非核化」に向けた意志を再確認した。また、「新たな米朝関係の樹立が朝鮮半島と世界の平和と繁栄に貢献することを確信し、相互の信頼構築が朝鮮半島の非核化を促すことを認め」た。

そのうえで、①新たな米朝関係の樹立、②朝鮮半島における恒久的で強固な平和体制の構築、③朝鮮半島の完全な非核化に向けた北朝鮮の努力、④戦争捕虜・行方不明者の遺骨発掘と即時送還、などが盛り込まれた。

米朝を除く日韓中露の六者会談参加国は、少なくとも政府レベルでは声明を歓迎している。だが、アメリカや韓国、日本などでは、CVID（完全で検証可能かつ後戻りのきかない非核化）が盛り込まれず、非核化の期限も明記されなかったから、成功だったとは言えない、などと非難する声も少なくない。北朝鮮が本当に非核化するのか、といぶかる意見もある。

一般的には、事務方の協議を積み重ねることで一定程度の合意を得られることが保障されたうえで首脳会談開催となる。ところが、今回はその逆で、まず首脳同士が会い、大枠での合意を導き出したうえで、その履行のために具体的な対策を講じていく、という形になっている。もちろん、米朝は首脳会談に至るまで水面下での交渉を続けてきたはずで、ある程度のロードマップはすでに出来上がっている可能性もある。

とにかく、今回の首脳会談の意義は、米朝の首脳が直接会って懸案問題を話し合い、喧嘩別れするのではなく、一定の合意を導き出したことだろう。もちろん、不足点を挙げればきりがない。しかし、少なくとも米朝が話し合っている間は、朝鮮半島で戦争の危険を回避できる。

北朝鮮の本気度も今後の進展のカギを握る。米朝首脳会談が単なる〝政治ショー〟だったとなるのか、それとも真の「歴史的」会談と評価されるのか。今後の動きを見守る必要があるだろう。

【資料】朝鮮停戦協定をめぐる主な動き

年	月・日	事項
1991	9・27	米、韓国に配備されている戦術核撤去
	12・13	「南北間の和解と不可侵および交流・協力に関する合意書」(南北基本合意書)調印
	12・18	盧泰愚・韓国大統領、核不在宣言
	12・31	「朝鮮半島の非核化に関する共同宣言」合意
1992	1・7	韓国、92年の米韓合同軍事演習の中止発表
	1・22	ニューヨークで初の米朝高官会談
	1・30	北朝鮮、国際原子力機関(IAEA)と核査察協定に調印
1993	2・25	IAEA、北朝鮮に特別査察受け入れを要請
	3・8	金正日・軍最高司令官、チーム・スピリット93に対応して「準戦時状態」宣布
	3・12	北朝鮮、特別査察拒否。核不拡散条約(NPT)から脱退表明
	5・11	国連安保理、北朝鮮にNPT脱退再考を求める決議
	6・2	米朝高官協議第1ラウンド。11日に共同声明。北朝鮮、NPT脱退一時保留
	7・14	米朝高官協議第2ラウンド(〜19)
1994	6・13	北朝鮮、IAEA脱退表明
	6・15	カーター元米大統領一行訪朝(〜18)。金日成主席と二度会談。核問題の話し合い解決などで合意。金主席、南北首脳会談提案。金泳三韓国大統領受け入れ
	7・8	金主席死去。南北首脳会談中止。米朝高官協議第3ラウンド(9中断)
	8・5	米朝高官協議第3ラウンド再開(〜12)
	10・21	米朝枠組み合意(北のNPT残留、核開発凍結、米朝国交正常化への道筋など定める)
1995	12・15	北朝鮮と朝鮮半島エネルギー開発機構(KEDO)、軽水炉提供協定締結

1997	12・9	朝鮮半島和平のための四者会談（〜10）。六回（99・8）まで開催
1998	8・31	北朝鮮、人工衛星打ち上げ（事実上の弾道ミサイル実験）。先端部分は日本列島上空を越えて三陸沖に着弾
1999	2・27	北朝鮮の地下施設の核疑惑を巡る米朝協議
	3・16	北朝鮮、核疑惑の地下施設への米国の立ち入りに合意。5・20　米、立ち入り開始。27日に声明。「空洞で未完成」
	5・25	米国のペリー政策調整官訪朝（〜28）
	9・17	米、対北朝鮮経済制裁の一部解除を発表
	9・24	北朝鮮、米との交渉期間中のミサイル発射凍結を発表
	10・12	米、対北朝鮮政策見直しに関する「ペリー報告」発表
2000	6・13	初の南北首脳会談（〜15、平壌）。「六・一五共同宣言」
	10・6	テロ反対の米朝共同声明発表
	10・10	北朝鮮の趙明禄国防委第一副委員長、ワシントンでクリントン米大統領と会談。金正日総書記の親書渡す。12日、米朝共同コミュニケ発表
	10・23	オルブライト米国務長官訪朝（〜25）。金正日総書記と会談
	11・1	米朝ミサイル協議（〜3）。ミサイル開発・輸出抑制手段で最終合意できず
	12・28	クリントン米大統領、訪朝断念との声明発表
2002	1・29	ブッシュ米大統領、一般教書演説でイラク・イラン・北朝鮮を「悪の枢軸」と非難
	10・16	米国務省、ケリー国務次官補訪朝（3〜5）の際、北朝鮮側が高濃縮ウラン施設建設など核兵器開発の継続を認めていたと発表。25日、北朝鮮外務省報道官、「核兵器はもちろん、それ以上のものも持つようになっている」
	11・14	KEDO理事会、北朝鮮への重油供給中断決定
2003	1・10	北朝鮮、NPT脱退表明

	8・27	北朝鮮の核問題に関する六者（北・米・中・韓・露・日）会談（～29、北京）
2005	2・10	北朝鮮外務省、六者会談参加の無期限中断表明。「自衛のために核兵器作った」
	9・19	再開された第4回六者会談で6項目の共同声明採択（九・一九共同声明）
	9	米財務省、バンコ・デルタ・アジア（BDA）の北朝鮮関連52口座2500万ドル凍結
	11・22	KEDO清算決定。軽水炉建設事業廃止
2006	7・5	北朝鮮、テポドン2号含む7発の弾道ミサイル発射
	10・9	北朝鮮、初の核実験。「米国の核脅威と制裁圧力のために実施せざるを得なかった」（外務省報道官談話）。以後、17年9月3日まで6回実施
2007	2・8	第5回六者会談第3ラウンド、「共同声明履行への初期段階措置」について合意文書採択（二・一三合意）
	4・10	米財務省とマカオ当局、BDAの北朝鮮資金凍結解除発表
	10・2	第2回南北首脳会談（～4）。「南北関係発展と平和繁栄のための宣言」（一〇・四宣言）発表
2008	2・25	ニューヨーク・フィルハーモニック訪朝（～27）。東平壌劇場で公演、米朝の国歌吹奏。平壌で初めて米国旗掲揚
	6・27	北朝鮮、寧辺核施設にある5千キロワット級の原子炉に通じる冷却塔爆破。爆発映像配信
	10・11	米、北朝鮮のテロ支援国家指定を解除（17年11月20日に再指定）
	12・8	六者会談首席代表会合（～11）。検証手続きの文書化で合意を得られないまま閉幕。以後、会談は凍結
2009	4・5	北朝鮮、人工衛星「光明星2号」が軌道に進入と発表。米などは否定
	4・13	国連安保理、ミサイル発射を非難する議長声明。14日、北朝鮮外務省、六者会談に「二度と絶対に参加しない」と表明。軽水炉建設推進、核抑止力強化、核施設の現状回復、使用済み核燃料の再処理推進表明
	5・25	2回目の核実験

	6・12	国連安保理、北朝鮮制裁決議採択。13日、北朝鮮外務省がウラン濃縮・プルトニウム兵器化宣言
	8・4	クリントン元大統領、拘束された米国人女性記者二人の解放のため訪朝。金正日総書記と会談（6月8日、女性記者二人に労働教化刑12年の判決）。二人と帰還
2010	11・12	ヘッカー米スタンフォード大学教授、寧辺の核関連施設を訪れた際、軽水炉の建設現場とウラン濃縮施設に案内される。遠心分離機は２０００基、燃料用低濃縮ウラン製造（北朝鮮側説明）
2011	5・24	キング北朝鮮人権担当特使訪朝（〜28）。金桂寛第一外務次官、米側が求めた食糧支援の前提条件を全て受け入れる考え伝達。再訪朝も要請
	5・27	北朝鮮、「米国人チョン・ヨンス氏を釈放」と発表
2012	2・29	米朝、23〜24日に北京で行われた第3回米朝高官会談の結果を同時発表（「二・二九合意」）。ヌランド米報道官名義の声明では、北朝鮮は長距離ミサイル発射と核実験のモラトリアム、ウラン濃縮活動を含む寧辺での核活動のモラトリアム、ＩＡＥＡ査察団の復帰に同意。米国が24万トンの栄養支援問題と関連した細部を詰める会合開催で合意
	4・13	北朝鮮、実用衛星「光明星3号（1号機）」を打ち上げたが失敗
	4・16	国連安保理、北朝鮮の衛星発射を非難する議長声明採択。たとえ人工衛星だったとしても過去の安保理決議に対する重大な違反と指摘
	4・17	北朝鮮外務省、安保理決議を非難する声明。宇宙利用の権利を引き続き行使すると「衛星」発射継続を示唆。「二・二九合意」にこれ以上拘束されないと表明
	12・12	北朝鮮、実用衛星「光明星3号（2号機）」打ち上げに成功と発表

あとがき

「韓国のビールは薄いから、ソメク（焼酎とビールを割ったもの）にしますか？」

ソウル新村《シンチョン》の食堂で、旧知の京郷新聞記者にそういうと、彼は笑顔を見せながら、こう言った。「いや、最近はうまいのもあるから」。そう言って選んでくれたのが、麦芽一〇〇％、アルコール度数五度の「Klaud（クラウド）」だ。確かにコクがあっておいしかった。

この秋、ソウルへ行った。シングルのパスポートや臨時パスポートでは何度か行ったことがあるが、マルチのパスポートで行くのは初めてだ。私は二〇一八年一月、朝鮮籍から韓国籍に変更した。パスポートがおりたら、真っ先に行きたかったのがソウルだった。

京郷の記者以外に何人かが集まり、タッカンマリを食べた。スープはあっさりしていて、肉も柔らかいから、何度でもお替りできた。

ソウルで友人たちといっぱいやりながら談笑する日が来るとは、なんだか不思議な感じがした。

	6・12	国連安保理、北朝鮮制裁決議採択。13日、北朝鮮外務省がウラン濃縮・プルトニウム兵器化宣言
	8・4	クリントン元大統領、拘束された米国人女性記者二人の解放のため訪朝。金正日総書記と会談（6月8日、女性記者二人に労働教化刑12年の判決）。二人と帰還
2010	11・12	ヘッカー米スタンフォード大学教授、寧辺の核関連施設を訪れた際、軽水炉の建設現場とウラン濃縮施設に案内される。遠心分離機は２０００基、燃料用低濃縮ウラン製造（北朝鮮側説明）
2011	5・24	キング北朝鮮人権担当特使訪朝（～28）。金桂寛第一外務次官、米側が求めた食糧支援の前提条件を全て受け入れる考え伝達。再訪朝も要請
	5・27	北朝鮮、「米国人チョン・ヨンス氏を釈放」と発表
2012	2・29	米朝、23～24日に北京で行われた第3回米朝高官会談の結果を同時発表（「二・二九合意」）。ヌランド米報道官名義の声明では、北朝鮮は長距離ミサイル発射と核実験のモラトリアム、ウラン濃縮活動を含む寧辺での核活動のモラトリアム、ＩＡＥＡ査察団の復帰に同意。米国が24万トンの栄養支援問題と関連した細部を詰める会合開催で合意
	4・13	北朝鮮、実用衛星「光明星３号（1号機）」を打ち上げたが失敗
	4・16	国連安保理、北朝鮮の衛星発射を非難する議長声明採択。たとえ人工衛星だったとしても過去の安保理決議に対する重大な違反と指摘
	4・17	北朝鮮外務省、安保理決議を非難する声明。宇宙利用の権利を引き続き行使すると「衛星」発射継続を示唆。「二・二九合意」にこれ以上拘束されないと表明
	12・12	北朝鮮、実用衛星「光明星３号（2号機）」打ち上げに成功と発表

あとがき

「韓国のビールは薄いから、ソメク（焼酎とビールを割ったもの）にしますか？」

ソウル新村《シンチョン》の食堂で、旧知の京郷新聞記者にそういうと、彼は笑顔を見せながら、こう言った。「いや、最近はうまいのもあるから」。そう言って選んでくれたのが、麦芽一〇〇％、アルコール度数五度の「Klaud（クラウド）」だ。確かにコクがあっておいしかった。

この秋、ソウルへ行った。シングルのパスポートや臨時パスポートでは何度か行ったことがあるが、マルチのパスポートで行くのは初めてだ。私は二〇一八年一月、朝鮮籍から韓国籍に変更した。パスポートがおりたら、真っ先に行きたかったのがソウルだった。

京郷の記者以外に何人かが集まり、タッカンマリを食べた。スープはあっさりしていて、肉も柔らかいから、何度でもお替りできた。

ソウルで友人たちといっぱいやりながら談笑する日が来るとは、なんだか不思議な感じがした。

朴鍾哲《パクジョンチョル》記念館、李韓烈《イハンリョル》記念館、そして延世《ヨンセ》大の李韓烈の丘なども訪ねた。ソウル大生だった朴君は一九八七年一月一四日、警察官の水拷問によって死亡した。延世大生だった李君は、朴君の拷問致死に抗議するデモの最中、催涙弾が頭を直撃して一ヵ月間死線をさまよったあげく、同年七月五日に亡くなった。同月九日、李君の国民葬が行われ、韓国全土の参加者は一六〇万人にのぼった。二人の若者の死が韓国に民主化をもたらすきっかけとなった。韓国映画「1987、ある闘いの真実」を日本で観ていた私は、その現場に自分が立っていることに感動を覚えた。金大中《キムデジュン》図書館も訪れた。韓国中央情報部（KCIA）に亡命先の日本から拉致され、光州《クアンジュ》事件（八〇年）の首謀者として死刑判決を受けるなどの危機を乗り越え、大統領にまでなった金大中氏の業績を展示した図書館は、金氏の自宅の隣にある。自宅にはいまでも夫人の李姫鎬《イヒホ》氏が住んでいるという。

韓国の民主化運動の歴史を伝える様々な展示物を観て、改めてソウルに来た喜びを感じた。これからは、北朝鮮経済の研究と共に韓国現代史の現場を自ら訪ね歩いて、学ぼうと思った。

ソウル市内を移動中、電車の窓から漢江《ハンガン》が見えた。かつて、平壌で見た大同江とよく似ている。川沿いには大同江ビールを飲ませてくれるお店も何軒かある。そこでビールを飲んだ日々のことが思い出された。いつの日か、韓国のクラウドビールと北朝鮮の大同江ビールを同じ店で飲める日が来ればと思う。

北朝鮮には、核やミサイルを開発するより、大同江ビールを世界中に輸出できる道を選んでほしい。輸出だけでなく、大同江辺りのビアホールに世界中の観光客が集まるように開放をさらに進めてほしいと思う。この本にはそんな思いを込めた。


本書を書くにあたっては、東京大学の博士学位論文「北朝鮮における経済改革・開放政策と市場化」から多くを参考にした。博士論文を書くにあたっては、東京大学大学院人文社会系研究科の本田洋教授に、七年にわたって細かな指導をいただいた。構想に始まり、文章のチェックに至るまでを指導してもらった。論文の作法すらろくに分からなかった私が、学位を取れたのも本田教授のおかげである。感謝申し上げる。

博士論文を元に、分かりやすい北朝鮮入門書を出したいという私の相談に親身に乗ってくださったのは、ジャーナリストの青木理さんだ。企画書を検討し、平凡社新書編集長の金澤智之さんを紹介してくれた。

金澤さんには、企画の段階から執筆を経て刊行に至るまで、たいへんお世話になった。お二人に感謝する。

最後に、本書には多くの北朝鮮の人々が登場する。彼らなくして本書が世に出ることはなかった。掲載したエピソードや発言などの全責任は筆者の私にあることを断っておきたい。

二〇一八年一一月

文聖姫

北朝鮮関連年表

年	月・日	事　項
1945	8・15	朝鮮解放
	10・14	金日成氏、平壌での歓迎市民大会に登場
1948	8・15	大韓民国（以下、韓国）樹立。初代大統領に李承晩氏
	9・9	朝鮮民主主義人民共和国（以下、北朝鮮）樹立。首相に金日成氏
	10・12	北朝鮮、ソ連と国交樹立
1949	10・6	北朝鮮、中国と国交樹立
1950	6・25	朝鮮戦争勃発（〜53・7・27　停戦協定調印）
1958	1・29	在韓米軍、核兵器の配備を発表
	10月末	中国義勇軍、北朝鮮からの撤退完了
1960	4・19	韓国で学生革命
	4・26	李承晩氏、下野。ハワイへ亡命
1961	5・16	朴正熙少将らの軍事クーデター。全国に戒厳令
	7・6	北朝鮮、ソ連と友好協力相互援助条約調印
	7・11	北朝鮮、中国と友好協力相互援助条約調印
1963	12・17	朴正熙大統領就任式

1965	6・22	日韓基本条約調印
	6・23	北朝鮮、日韓条約の不承認・賠償請求権保有を声明
1972	7・4	南北共同声明。統一3大原則（自主・平和・民族大団結）を南北が同時発表
	12・27	北朝鮮、社会主義憲法採択し国家主席制新設。金日成氏を国家主席に選出（28）
1979	10・26	朴正熙大統領、KCIA部長・金載圭により射殺される。62歳
1980	10・10	朝鮮労働党第6回大会（～14）。金正日氏、初めて公式に登場
1990	9・28	日朝国交正常化を目指す三党（朝鮮労働党、自民党、社会党）共同宣言調印
1991	9・17	韓国と北朝鮮、国連に同時加盟
1994	7・8	金日成主席死去。82歳（97・7・8 喪明け宣言）
1997	10・8	金正日氏が朝鮮労働党総書記に就任
1998	8・31	北朝鮮、弾道ミサイル「テポドン」発射実験
	9・5	金正日氏、国防委員会委員長に就任。社会主義憲法修正・補充
2000	6・13	平壌で金正日氏と金大中氏による南北首脳会談（～15）。
	6・15	共同宣言
	7・19	プーチンロシア大統領訪朝（～20）しロ朝首脳会談。ロ朝共同宣言
	10・10	趙明禄国防委第一副委員長、ワシントンでクリントン米大統領と会談。米朝共同コミュニケ発表（12）。オルブライト米国務長官、訪朝（23～25）し金正日氏と会談
2002	9・17	平壌で金正日・小泉純一郎氏による日朝首脳会談。日本人拉致問題で「八人死亡五人生存」。金正日氏が口頭で謝罪。日朝平壌宣言に調印

2003	8・27	北朝鮮の核問題に関する六者会談（〜29）。08年12月を最後に開催されず
2004	4・22	平安北道・龍川駅で大規模な列車爆発事故。死者一五〇余人、負傷者一三〇〇余人
2006	10・9	平壌放送と朝鮮中央放送、正午のニュースで核実験に成功したと報道。17・9・3の六回目が最後
2007	10・2	盧武鉉・金正日氏による第2回南北首脳会談（〜4）。「南北関係発展と平和繁栄のための宣言」発表
2010	5・20	韓国海軍の哨戒艦沈没について、国際軍民調査団が「北朝鮮の魚雷による水中爆発」が原因と断定。北朝鮮・国防委員会、全面否定。李明博政権、開城工業団地を除く南北交易・交流の中断表明（5・24措置）
	9・29	「金正恩氏の党中央委員選出、党中央軍事委員会副委員長就任」を北朝鮮メディアが一斉に報道。朝鮮中央通信、金正恩氏を中心とした写真配信（10・9）。朝鮮労働党創建65周年慶祝閲兵式、金正恩氏も主席壇に登場（10・10）
	11・23	北朝鮮、延坪島を二回にわたり砲撃。韓国側は民間人二人を含む四人が死亡、一九人が重軽傷。北朝鮮側の被害状況は不明
2011	12・17	金正日総書記死去。69歳
	12・30	金正日氏の遺訓に基づき、金正恩氏が朝鮮人民軍最高司令官に就任
2013	3・31	朝鮮労働党中央委員会三月全体会議で経済建設と核武力建設を並進する「新並進路線」発表
	4・1	核開発強化を法制化

	12・12	金正恩氏の叔父、張成沢・元朝鮮労働党部長が国家転覆罪で死刑判決。即日執行
2016	5・6	朝鮮労働党第7回大会（～9）。金正恩氏、朝鮮労働党委員長に就任
	6・29	金正恩氏が国務委員長に就任
2017	11・29	大陸間弾道ミサイル（ICBM）発射実験に成功。「国家核武力」完成を宣言
2018	3・25	金正恩氏、訪中し習近平氏と会談（～28）。4月と6月にも訪中
	4・27	文在寅・金正恩氏による第3回南北首脳会談（板門店南側）。「板門店宣言」
	5・26	第4回南北首脳会談（板門店北側）
	6・12	トランプ・金正恩氏による米朝首脳会談（シンガポール）。「六・一二共同声明」
	9・18	第5回南北首脳会談（～20、平壌）。「平壌共同宣言」

参考文献

日本語文献

一般社団法人日本ビール文化研究会／日本ビアジャーナリスト協会監修『ビールの図鑑』マイナビ、二〇一三年

今村弘子『北朝鮮「虚構の経済」』集英社新書、二〇〇五年

林東源（訳・波佐場清）『南北首脳会談への道』（原題は『ピースメーカー』）岩波書店、二〇〇八年

小此木政夫『朝鮮戦争』中央公論社、一九八六年

加藤弘之『中国の経済発展と市場化』名古屋大学出版会、一九九七年

権英卿「経済改革――『計画』に『市場』をプラス」北朝鮮研究学会編（監訳・石坂浩一）『北朝鮮は、いま』岩波書店、二〇〇七年

朝鮮電気事業史編集委員会編『朝鮮電気事業史』中央日韓協会、一九八一年

ドン・オーバードーファー（訳・菱木一美）『二つのコリア［特別最新版］国際政治の中の朝鮮半島』共同通信社、二〇〇二年

朴根好『韓国の経済発展とベトナム戦争』御茶の水書房、一九九三年

宮本悟「第1章　国連安保理制裁と独自制裁」『情勢分析レポートNo.30　国際制裁と朝鮮社会主義経済』（中川雅彦編）アジア経済研究所、二〇一七年

文聖姫「北朝鮮における経済改革・開放政策と市場化」東京大学大学院人文社会系研究科二〇一七年度博士学位論文
文浩一「研究ノート 訪朝期間に垣間見た生産・消費現場と市民生活の一端」『季刊 朝鮮経済資料』二〇一五年二号、朝鮮経済研究会

韓国語文献

キム・ギフン「統一過程における南北交易通関体系改編方案」統一部統一研究院、二〇一五年
梁文秀『北朝鮮経済の市場化――様態・性格・メカニズム・含意』ハンウルアカデミー、二〇一〇年
イム・ウルチュル『金正恩時代の北朝鮮経済――私金融とトンジュ（金主）』ハンウルアカデミー、二〇一六年

朝鮮語文献

『金日成選集』（第一巻）朝鮮労働党出版社、一九六三年
『金日成著作集』（各巻）朝鮮労働党出版社
『金正日選集』（各巻）朝鮮労働党出版社
『我が国の水力資源』工業総合出版社、一九九二年

新聞・雑誌

「リアル北朝鮮」『ジャーナリスト』二〇一六年八月二五日〜二〇一八年九月二五日

『週刊金曜日』金曜日、一九九六年一〇月四日号、二〇一七年六月二日号、同六月九日号、二〇一八年一月一九日号、同五月一一日号、同六月八日号、同六月一五日号、同一〇月五日号

【著者】
文聖姫（ムン ソンヒ）
1961年生まれ。東京大学大学院人文社会系研究科韓国朝鮮文化研究専攻博士課程修了。博士（文学）。専門は北朝鮮の政治・経済と市民社会。朝鮮新報記者を経て現在は「週刊金曜日」編集部在籍。共著に『朝鮮労働党の権力後継』（アジア経済研究所）、共訳に『北朝鮮 おどろきの大転換』（河出書房新社）がある。

平 凡 社 新 書 9 0 0

麦酒《ビール》とテポドン
経済から読み解く北朝鮮

発行日——2018年12月14日　初版第1刷

著者———文聖姫
発行者——下中美都
発行所——株式会社平凡社
東京都千代田区神田神保町3-29　〒101-0051
電話　東京（03）3230-6580［編集］
東京（03）3230-6573［営業］
振替　00180-0-29639
印刷・製本—図書印刷株式会社
装幀———菊地信義

ISBN978-4-582-85900-3
NDC分類番号332.21　新書判（17.2cm）　総ページ256
平凡社ホームページ　http://www.heibonsha.co.jp/